Cahiers de Logique et d'Épistémologie
Volume 15

Logique de l'argumentation dans les traditions orales africaines

Proverbes, Connaissance et Inférences non-monotoniques

Volume 9
Logique Dynamique de la Fiction. Pour une approche dialogique
Juan Redmond. Préface de John Woods

Volume 10
Fiction et Métaphysique
Amie L. Thomasson. Traduit de l'américain par Claudio Majolino et Julie Ruelle

Volume 11
Normes et Fiction
Shahid Rahman et Juliele Maria Sievers, eds.

Volume 12
Conception et analyse des programmes purement fonctionnels
Christian Rinderknecht

Volume 13
La Périodisation en Histoire des Sciences et de la Philosophie. La Fin d'un Mythe. Edition et introduction par Hassan Tahiri

Volume 14
Langage C++ et calcul scientifique
Pierre Saramito

Volume 15
Logique de l'argumentation dans les traditions orales africaines
Gildas Nzokou

Volume 16
Approche dialogique de la dynamique épistémique et de la condition juridique
Sébastien Magnier

Cahiers de Logique et d'Épistémologie Series Editors
Dov Gabbay   dov.gabbay@kcl.ac.uk
Shahid Rahman   shahid.rahman@univ-lille3.fr

Assistance Technique
Juan Redmond   juanredmond@yahoo.fr

Comité Scientifique: Daniel Andler (Paris – ENS); Diderik Baetens (Gent); Jean Paul van Bendegem (Vrije Universiteit Brussel); Johan van Benthem (Amsterdam/Stanford); Walter Carnielli (Campinas-Brésil); Pierre Cassou-Nogues (Lille 3 – UMR 8163-CNRS); Jacques Dubucs (Paris 1); Jean Gayon (Paris 1); François De Gandt (Lille 3 – UMR 8163-CNRS); Paul Gochet (Liège); Gerhard Heinzmann (Nancy 2); Andreas Herzig (Université de Toulouse – IRIT: UMR 5505-NRS); Bernard Joly (Lille 3 – UMR 8163-CNRS); Claudio Majolino (Lille 3 – UMR 8163-CNRS); David Makinson (London School of Economics); Tero Tulenheimo (Helsinki); Hassan Tahiri (Lille 3 – UMR 8163-CNRS).

Logique de l'argumentation dans les traditions orales africaines

Proverbes, Connaissance et
Inférences non-monotoniques

Gildas Nzokou

© Individual author and College Publications 2013.
All rights reserved.

ISBN 978-1-84890-108-7

College Publications
Scientific Director: Dov Gabbay
Managing Director: Jane Spurr
King's College London, Strand, London WC2R 2LS, UK

http://www.collegepublications.co.uk

Original cover design by orchid creative   www.orchidcreative.co.uk
Printed by Lightning Source, Milton Keynes, UK

All rights reserved. No part of this publication may be reproduced, stored in a retrieval system or transmitted in any form, or by any means, electronic, mechanical, photocopying, recording or otherwise without prior permission, in writing, from the publisher.

TABLE DES MATIÈRES

PREFACE IX
AVANT-PROPOS XV
INTRODUCTION GÉNÉRALE 1

Section 1: Usage des Proverbes et Inférences Non Monotones. 5

Chapitre Ier : Arrière-plan culturel de l'oralité africaine et statut épistémologique du proverbe. 6
Chapitre IIe : Dimensions interprétative et pragmatique du langage proverbial. 10
   (§1)- Phase herméneutique (nécessité d'interpréter pour une compréhension pertinente du proverbe). 11
   (§2)- Pragmatique du discours proverbial (proverbes et force de persuasion du discours). 14
Chapitre IIIè : Argumentation défaisable dans les Traditions orales africaines. Cadre formel. 17
   (§1)- Qualification formelle et forme syntaxique générique des propositions proverbiales. 17
   (§2). Illustration sommaire du fonctionnement structurel des proverbes dans le corps des arguments. 19
Chapitre IVè : Usage des proverbes et Inférences non-monotoniques. Quels systèmes formels commodes pour la modélisation ? 28
(§1)- Dynamique épistémique et mise à jour de bases de connaissance. 32
   (§1.1)- États épistémiques : ensembles de croyances et de connaissances... 38
   (§1.2)- Les modes de la Dynamique épistémique : Expansion, Contraction et Révision. 41
   (§1.3)- Quelques propriétés contre-intuitives de la conséquence logique classique. 55
   (§1.4)- Les ensembles de proverbes comme bases de croyance. 60
(§2)- Logique Dialogique 62
   (§2.1)- Langages propositionnel et de premier ordre standard 62
      (§2.1.a)- Langage propositionnel classique 62
      (§2.1.b)- Langage de Premier ordre. 64
   (§2.2)- Logique dialogique propositionnelle 66
      (§2.2.a)- Langage pour la logique dialogique propositionnelle 66

(§2.2.a₁)- Règles de particules..66
(§2.2.a₂)- Règles structurelles 74
(§2.3)-Logique dialogique de premier ordre...............................80
(§2.3.a₁)- Règles de particules..80
(§2.3.a₂)- Règles structurelles. 83
(§3)-Dialogues et Tableaux. 87
(§3.1)- Stratégies gagnantes et Tableaux. 87
(§3.2)- Tableaux classiques...89
(§3.3)- Tableaux intuitionnistes 92

Chapitre Vè : La Structure abstraite de l'argumentation basée sur le langage proverbial ℒℙ...97
(§1) – La non clôture déductive du langage................................97
(§2)- La Structure d'argumentation avec usage de proverbes. 98
(§3)- Extensions des ensembles d'arguments..............................103

Chapitre VIè : Argumentation avec usage des proverbes. Adaptation au cadre dialogique. 107
(§1)- Règles structurelles 107
(§2)- Règles de particules. 114
(§3)- Quelques exemples de tableaux dialogiques autour d'arguments usant de proverbes...114
(§4)- Signification précise des tableaux pour l'argumentation défaisable avec usage de proverbes...118
(§5)-Une illustration basique d'un débat argumentatif où l'on use de proverbes. 119

Section 2 : Perspectives générales de comparaison à quelques systèmes d'argumentation défaisable notables............................123

Chapitre Ier : - Une ébauche conceptuelle générale pour les systèmes d'argumentation défaisables. 123
(§1)-Sémantiques de l'argumentation..126

Chapitre IIè. - De la non-monotonie saisie à travers les structures abstraites de l'argumentation défaisable. 131
(§1)- L'Approche BDKT : Structure d'argumentation abstraite. ...131
(§2)- Une Structure d'Argumentation fondée sur des Hypothèses. 134
(§3)- L'approche de Vreeswijk : Systèmes d'argumentation abstraits 135
(§3)- Le modèle de Prakken et Sartor. 141

Chapitre IIè : Argumentation avec usage des proverbes et systèmes standard d'argumentation défaisable. Essai de comparaison.....149
(§1)- Unité des systèmes standards d'argumentation défaisable. 149
(§2)-. Arguments usant de proverbes : de la non-monotonie différemment fondée. 150

Appendice 1. Étude additionnelle. **155**

INTRODUCTION 156
(§1)- Une typologie générale du conflit des arguments. 160
(§1.1)- La réfutation...161
(§1.2)- Attaque d'hypothèse. 162
(§1.3)- Attaque d'une règle d'inférence (*undercutting*)............................162
(§2)- Caractéristiques du conflit entre arguments usant de proverbes. 163
(§2.1)- Neutralisation d'une prémisse stratégique et affaiblissement d'une règle d'inférence. 163
(§2.2)- Apparence d'une réfutation..164

Appendice 2 : Logique Dialogique. Introduction historique............165
(§1)- Logique Dialogique : un aperçu historique..165
(§2)- Quelques exercices d'application de dialogique. 170

Postface **182**
Remerciements **182**
Bibliographie **184**

PREFACE

Shahid Rahman[*]

The dialogical turn and the challenge of the oral traditions

In the introduction to dialogical logic in the appendix 2 of the present book it is claimed that a *dialogic turn* is taking place now. Indeed, it is a turn that re-established the link between dialectical reasoning, argumentation and inference interaction and provides the basis of a host of ongoing projects in the history and philosophy of logic, going from the Indian, the Chinese, the Greek, the Arabic; the Hebraic traditions; the Obligationes of the Middle Ages to the most contemporary developments in the study of epistemic interaction. The basic tenet of the dialogical approach is that, it is within the dialectical interaction that meaning is constituted: conversation builds meaning. Such a position challenges one of the more established notions of reasoning, according to which reasoning is logic and logic is about written signs.

It is in the context of this challenge that, as pointed out by the late Prof. Paul Gochet, the present book of Gildas Nzokou opens a new research path in African studies, namely, the systematic study of logic in African traditional oral culture, a work, that, as signalised in his report by Prof. Bonaventrue Mvé Ondo deepens and extends the work of the late Prof. Soulyemane Niang.

It is true that many of the issues studied in his book have been subject of intense researches in, among others, philosophical and cultural

---

[*] *Membre de l'Académie Argentine des Sciences ; Membre élu (2011) du Comité national français d'histoire et de philosophie des sciences, rattaché à l'académie des sciences ; Professeur classe exceptionnelle, titulaire de la chaire de logique et épistémologie à l'université Lille 3 Charles de Gaulle*

anthropology, linguistics, sociology and ethnology, however the project of the work under consideration targets the logical process involved. Furthermore, the book proposes to generalize the use of the dialogical framework that offers a semantic that is neither proof theoretic nor model-theoretic but directly rooted in the argumentative practices. Indeed it would be inadequate to frame the argumentation of the oral traditions with an axiomatic system or a sequent calculus. It also seems to be even more inadequate to assume a model-theoretic semantics where the notion of meaning is assumed to be a kind of external relation between sign and world. The most natural notion of meaning involved seem to be the one that can be extracted from the argumentative practice itself and where the relation between sign and object is thought to be internal: Signs as constituting the world by means of dialogical language games.

More precisely, one of the main achievements of the text is that it naturally leads the reader to the astonishing conviction that from the logical point of view the inferential structure of argumentations with proverbs is not different to the known modeling of non-monotonic reasoning in general and in juridical western nowadays argumentation in particular. The insightful dialogical formalization of these modeling is not a minor achievement of Nzokou.

In relation to the articulation between the hermeneutic moment, the interpretation of the proverb to the particular case under stake, and the development of the non-monotonic inference it has been recently pointed out by experts in legal reasoning that the laws have to contain necessarily some vague terms. The vagueness allows that the law is open to new application cases. It is the vagueness that requires the crucial step of interpretation that must be thought anew for each particular case. This is the way in which non-monotonic reasoning achieves, paradoxically, generality, though its inferences are always based on the particular.

Thus, my suggestion for future work is that the issue of vagueness should be introduced and developed into the modeling system. Certainly this might need a deep study of the argumentative semantics involved.

Let me now come to a point that might be seen as a kind of a pending task, that should provide further developments and is linked to the project "Language, Argumentation and Cognition in the oral Traditions" (LACTO) that federates nine universities of central Africa, the MESHS-Nord pas de Calais, the UMR-8163: STL and the university of Lille3. In its origins Dialogical logic constituted a part of an overall new movement called the *Erlangen School or Erlangen Constructivism* that should provide a new start to a general theory of language and of science[1]. In relation to the theory of language, according to the Erlangen-School, language is not just a fact that we discover, but a human cultural accomplishment whose construction reason can and should control.[2] The constructive development of a scientific language was called the *Orthosprache-project*.[3] Unfortunately, the Orthosprache-project was not further developed and somehow seemed to fade away. Perhaps, one could say that one of the reasons is that the link between dialogical logic and the Orthosprache was not sufficiently developed – in particular the systematic development of dialogues based on the norms built by an Orthosprache were not worked out.

The appendix 1 shows a further development that deepens the insights on the logic of the argumentative interaction. In fact, the present work sets the basis for a general study of logic in the oral traditions. Indeed, future developments should contribute to a general dialogical theory of meaning based on conversational interaction. This is the task ahead!

---

[1] Cf. Kamlah/Lorenzen 1967 and 1973 and Lorenzen/Schwemmer 1975.
[2] Cf. H. Robinson (1984) preface to his translation of *Logische Propädeutik*
[3] Lorenzen 1973 and Lorenzen/Schwemmer 1975, p.24.

« Depuis une trentaine d'années tant l'argumentation juridique que le raisonnement de sens commun ont été étudiés par plusieurs communautés de logiciens. La première anthologie de textes fondamentaux contenant des contributions de chercheurs en intelligence artificielle a paru en 2009 sous le titre *Argumentation in Artificial Intelliegnce* éditée par I..Rahwan et G.Simari et préfacée par J. van Benthem. Les logiciens de cette communauté scientifique ont développé des formalismes qui permettent non seulement de représenter les argumentations juridiques et les raisonnements de sens commun, mais aussi de mettre en lumière les *normes* qui les régissent. »

Paul GOCHET, Liège, Novembre 2010.

AVANT-PROPOS

Il convient de faire quelques remarques préliminaires sur le contenu et la visée principale du travail ici proposé à lecture. Il s'agit précisément de noter que le contenu du présent ouvrage est une approche à nouveaux frais d'une thématique précédemment abordée dans le cadre de notre dissertation doctorale[4] et qui portait sur les formes d'argumentation propres aux cultures de l'oralité bantu[5]. Nous allons ici réinvestir le thème du modèle logique de l'argumentation, cette fois-ci, élargi aux traditions orales africaines à partir des précédents résultats. Certes, la compréhension actuelle que nous avons de ce topique nous fait sensiblement reconsidérer plusieurs points des anciennes analyses, mais nous avons prit le parti de présenter dans le présent ouvrage, l'essentiel des résultats tels que nous les avions atteints dans nos recherches doctorales et ce pour une raison simple : c'est qu'il importait que nous exposions d'abord la première étape de ce qui devient pour nous un véritable programme de recherche. D'ailleurs, à ce propos, signalons que la recherche des formes rationnelles abstraites basées sur des structures anthropologiques propres aux traditions orales africaines a été l'idée fondatrice d'un grand projet de recherches transversales, projet porté par un réseau de chercheurs d'horizons divers[6]

Cette présentation, disions-nous, des premiers résultats, se concentre sur un fragment abstrait du processus normé de l'argumentation en contexte d'oralité, où il est fait un usage très spécifique des sentences proverbiales comme d'autant de ressources logiques. Notre approche avait consisté à étudier la démarche procédurale d'une argumentation en y abstrayant un fragment représentatif, ce qui permettait de voir apparaître clairement le modèle et la forme générique de cette

---

[4] NZOKOU, (G); *Formes Logiques et Structures Ontologiques dans quelques Langues Bantu. Problèmes de Quantification, de Temporalité et Considérations autours de quelques constantes logiques*, ANRT/Université Lille 3, Décembre 2010, 253 pages.
[5] Critères linguistiques discriminant les langues bantu et espaces géographiques couverts par le monde bantu (voir Guthrie 1948)
[6] Projet « LACTO » (Langage, Argumentation et Cognition dans les Traditions Orales), porté par un réseau de différentes équipes de recherches dont neuf universités africaines et un programme partenaire (ADA) supporté par la MESHS Nord Pas-de-Calais/France, en tant que partenaire technique.

argumentation propre aux traditions orales africaines. Ainsi, dans un prochain volume, nous exposerons les reconsidérations que nous envisageons, tant sur le plan technique que celui méthodologique. Une part importante des outils techniques utilisés dans le présent ouvrage seront remplacés par d'autres plus performants quant à atteindre certains résultats métathéoriques de première importance.

Toutefois, bien que pour le moment, nous nous restreignons essentiellement à pratiquer un exposé de la première démarche méthodologique telle que nous l'avions précédemment fait dans notre dissertation doctorale, nous avons ajouté un nouveau résultat[7] qui préfigure la nouvelle direction que doivent emprunter nos recherches.

---

[7] Voir l'Appendice 1 au présent ouvrage.

INTRODUCTION GÉNÉRALE

Nos investigations, tant ethnologiques que logiques, nous avaient fait remarquer que la forme générique de la pratique argumentative dans les traditions orales négro-africaines (Bantu en particulier) apparaissait comme un modèle d'inférence non-monotonique en vertu de la défaisabilité inhérente aux arguments ; défaisabilité causée par l'occurrence systématique des prémisses stratégiques que sont les propositions proverbiales dans le corps des arguments. Ces prémisses proverbiales jouent un double rôle de propositions primitives dans le système épistémologique traditionnel, en même temps qu'elles fonctionnent telles des règles d'inférence qui ne sont pas pleinement déductives. Ce qui autorise la défaisabilité des arguments dans lesquels ces propositions proverbiales apparaissent.

En réfléchissant sur la procédure et les outils techniques adéquats pour la modélisation de ce type argumentatif de la défaisabilité propre aux cultures ici considérées, nous avions fait le choix méthodologique de travailler dans le cadre de la logique dialogique[8] et de faire également usage d'un fragment de la dynamique épistémique[9], ce pour les raisons pratiques et les intérêts pragmatiques suivants :

---

[8] La Logique Dialogique est née aux environs de 1958 par le travail conjugué de Paul Lorenzen et Kuno Lorenz à Erlangen en Allemagne. La dialogique se trouve à mi-chemin entre les approches preuve-théorétique et modèle-théorétique. Toutefois, si la principale visée que poursuivaient les concepteurs de la Dialogique était l'implémentation de la théorie de la preuve dans le cadre de la logique intuitionniste, il ressort que grâce aux fructueux développements de cet outil technique menés par l'Ecole de Lille sous la houlette de Shahid Rahman, la Dialogique apparaît aujourd'hui comme théorie de la signification pragmatique en tant qu'elle se trouve également à l'interface entre logique et théorie des jeux. Surtout que, dès son aube la Dialogique approchait la notion d'inférence en se basant sur les pratiques argumentatives. Disons enfin que la Dialogique constitue aujourd'hui l'un des principaux centres d'intérêt de la recherche européenne en philosophie de la logique (problèmes de sémantique dynamique et pragmatique).
[9] Théorie de la Révision formelle des croyances, des connaissances et de la mise à jour des bases de données.

> D'un point de vue pratique, le cadre dialogique en tant qu'approche de la notion d'inférence sur fond de pratiques argumentatives, apparaît comme le cadre naturel pour une reformulation abstraite d'un modèle d'argumentation quel qu'il soit. De même, la mise à contribution d'un fragment de la dynamique épistémique (encore appelée « théorie formelle de la révision des croyances ») répond au besoin de modéliser le processus interne de défection des arguments par l'évocation de contre-arguments appuyés par des contre-proverbes ; ce qui ressemble structurellement à un phénomène de révision épistémique sur les ensembles de prémisses des arguments à défaire. Ainsi, les opérations de contraction et de révision épistémiques incorporées comme nouvelles particules logiques dans le cadre dialogique, constituent ensemble une structure et un cadre formel de travail pour les besoins de construction théorique qui sont les nôtres

> La pertinence et l'efficience effectives de ce choix méthodologique tiennent en ceci que la logique dialogique permet de développer une sémantique pragmatique dès lors que la signification des opérateurs et connecteurs logiques y est donnée par les règles de leur usage en contexte de débat argumentatif.

Dans le travail qui suit nous reprenons l'essentiel de la procédure méthodologique utilisée dans nos précédents travaux doctoraux de même que les résultats y atteints.

Soulignons, par ailleurs, qu'il sera ajouté aux travaux sus indiqués, un résultat supplémentaire qui est le fruit de notre récente participation à la conférence européenne « JuriLog »[10]. Il s'agit précisément de la typologie que nous avons faite des conflits entre arguments usant de proverbes comme d'autant de prémisses stratégiques.

---

[10] Conférence Jurilog : « Théorie du droit et Logique formelle », tenue les 12 et 13 Mars 2013 à la MESHS Nord Pas-de-Calais, Lille/France, où nous avons présenté ce résultat dans la communication intitulée : « De la typologie du conflit entre arguments usant de proverbes ».

Par rapport au plan de présentation de notre travail, il importe de rappeler que la reconstruction abstraite du modèle d'argumentation qui nous intéresse ici impose deux étapes préparatoires :

(a) Un examen et une sélection minutieuse des systèmes formels qui pourront traiter avec pertinence des arguments usant de proverbes dans leurs prémisses. Autrement dit, nous avons évalué, parmi les systèmes de logique prenant en charge la non-monotonicité de l'inférence lesquels paraissent être les plus commodes pour modéliser le travail des proverbes et le fonctionnement de la non-monotonicité que ces derniers occasionnent.

(b) La deuxième étape préalable a consisté à adapter la non-monotonicité au cadre de la Dialogique, de sorte que le système d'argumentation avec usage des proverbes que nous avons tenté de construire ici y trouve un cadre de déploiement naturel. De fait, la dialogique, qui est une alternative à la fois à l'approche modèle-théorétique et à celle preuve-théorétique – en ce que les contextes argumentatifs finis déterminent la signification des connecteurs logiques (ce qui produit une sémantique locale du jeu d'argumentation) – semble être le cadre tout à fait indiqué pour les besoins de notre construction théorique. Ce qui revient à mettre en phase, la forme d'argumentation culturellement enracinée qui est nôtre, avec la construction d'une sémantique contextuellement déterminée, c'est-à-dire une sémantique pragmatique.

Dans cette étude logique, nous allons nous appesantir sur la structure générale de déploiement de l'inférence. Nous étudierons notamment le rôle des proverbes dans ces processus traditionnels de raisonnement. L'argumentation sera considérée ici comme une pratique discursive dont la forme structurelle générique est informée par des facteurs culturels spécifiques aux traditions orales africaines. Et ce modèle ne semble pas très différent de la forme générale abstraite de l'argumentation juridique qu'on trouve dans le cadre culturel occidental. C'est-à-dire qu'en ces deux systèmes, la dérivation n'est pas stable – ce que nous appelons une inférence non-monotonique – et sous-tend ainsi des modèles d'argumentation défaisable.

Mais avant toute chose, nous présentons succinctement les fonctionnalités du langage proverbial relativement au cadre culturel des traditions orales africaines.

Section 1: Usage des Proverbes et Inférences Non Monotones.

> « L'oralité en général, et dans les société d'Afrique noire en particulier, qualifie, outre l'inexistence ou la marginalisation de l'écriture, des systèmes de représentations et de comportements liés au contexte, irréductibles à ce qu'on retrouve dans les civilisations de l'écrit. Lorsqu'on s'en tient à la sphère des faits de discours, elle engendre un mode particulier d'agencement de la pensée, commandé par le recours à des procédures découlant des contraintes du fait oral lui-même. »
>
> **Mamoussé Diagne;** *Critique de la Raison Orale. Les pratiques discursives en Afrique noire*, **Paris, Karthala, 2005, p 17, §4**

Chapitre Ier : Arrière-plan culturel de l'oralité africaine et statut épistémologique du proverbe.

Essayons-nous à une définition non exhaustive et disons que l'oralité caractérise une culture dans laquelle le langage parlé constitue le principal outil de communication, de fixation des productions littéraires et scientifiques, moyen de fixation de la mémoire collective également. Mamoussé Diagne[11] définit l'*oralité* comme la caractéristique d'une civilisation qui procède massivement par le médium oral pour la structuration, la conservation et la transmission de l'ensemble de son héritage culturel. Certes, les seuls faits de langue n'épuisent pas la densité sémantique de la notion d'oralité. Cette dernière ne peut être réduite à un simple fait de culture et il apparaît aussi nécessaire d'engager une démarche herméneutique afin d'asseoir un cadre de signification efficace et de compréhension plus globale.

On peut donc énoncer sommairement les principales caractéristiques de l'oralité : l'expression parlée est le médium par excellence de structuration et de communication de la pensée et du rapport des sujets humains au monde et à l'être. Il semble donc que les différentes formes de déploiement de la rationalité et les structures ontologiques sont fondamentalement informées par ce paradigme culturel de l'oralité.

Ayant succinctement définit le cadre traditionnel de l'oralité africaine, on peut maintenant approcher la réalité du proverbe replacé dans ce contexte.

Nous disons alors que les proverbes sont des propositions générales ayant fonction d'éléments basiques de rationalité au sein des cultures orales. Ils sont le produit d'une synthèse de certaines connaissances tirées de l'observation répétée des divers phénomènes (naturels physiques ou biologiques, sociologiques et politiques, spirituels, etc.), et que la tradition érige en lois générales de connaissance. Les proverbes constituent un corpus de savoir qui fait partie de ce qu'on

---

[11] Diagne (Mamoussé); *Critique de la Raison Orale. Les pratiques discursives en Afrique noire*, Paris, Karthala, 2005.

nomme habituellement : « *sagesse traditionnelle* » ; ils servent ainsi d'éléments de référence normatifs dans les procédures de prise de décision juridique, politique et épistémologique.

En tant qu'éléments de rationalité légués par l'autorité morale et sapientiale de la tradition, les proverbes permettent de trancher sur des questions de tous ordres. C'est qu'ils abordent divers domaines d'activité où se décline toujours l'expérience existentielle humaine, et donc le rapport des sujets à l'Être. Il nous faut d'ailleurs noter que le langage proverbial se caractérise, entre autres marques, par une vitalité notable qui lui vient de cette souplesse dans l'applicabilité de ses éléments constitutifs (les proverbes) aux divers domaines du champ existentiel.

De fait, un seul et même proverbe peut pertinemment être appliqué à diverses situations de réflexion pratique et théorique. L'essentiel demeure la possibilité d'établir un rapport d'analogie entre l'image générique d'une procédure canonique de résolution d'une classe de problèmes et la question particulière en instance. Nous le verrons de manière illustrée dans la suite de la présente rédaction.

Pour revenir à la question du statut épistémologique du proverbe dans le contexte de l'oralité africaine, signalons que le travail de Mamoussé Diagne, qui vise à mettre en exergue « la logique de l'oralité », nous donne une description très réaliste des mécanismes de fonctionnement intellectuel et logique[12] du proverbe dans les divers types de discours. Et ce qui retient le plus notre attention, c'est le moment d'explication où le philosophe sénégalais parle de mise en relation de l'image générique qu'est la parole proverbiale avec l'instance qu'est la situation particulière considérée. C'est le moment d'établissement de l'analogie en tant que procédure d'usage pertinent du proverbe afin de déployer des raisonnements soutenables.

---

[12] Dans la *Critique de la Raison Orale*, l'auteur nous expose les mécanismes mnémotechniques de rétention : la procédure de mise en image des idées véhiculées par la parole proverbiale et toute l'activité dramaturgique mise en branle pour les besoins de compréhension du langage imagé.

De fait, le proverbe parle d'expériences concrètes et réelles, mais emprunte des voies détournées pour le faire : c'est un détour rhétorique certes. C'est que le réel est un environnement de faits dont les développements phénoménaux sont recueillis, synthétisés, et élevés ainsi au rang de modèles généraux qui, pour cela,

> « ... fonctionnent comme des matrices d'intelligibilité pour tous les cas présentant un certain degré de similitude avec eux. La démarche analogique procèdera, avant toute chose, au recensement de ces similitudes, pour les rapporter à la classe paradigmatique du proverbe correspondant.[13] ».

Il apparaît clairement ici que c'est par le recoupement analogique qu'une situation particulière peut être subsumée sous le paradigme qu'est le proverbe. Ce qui induit le fait que, pour déconcentrer le sens du proverbe, il faille suivre le mouvement inverse de celui de constitution des rapports analogiques ; c'est-à-dire faire des hypothèses sur des situations particulières pouvant présenter des similitudes avec le paradigme. Ce qui veut dire qu'en tant que paradigme subsumant une classe de faits, la pertinence dans l'évocation d'un proverbe vient de ce que ce dernier s'arrime adéquatement à la situation particulière considérée. D'où l'on peut déduire que le proverbe délivre une pluralité de sens, et ainsi, sa pleine compréhension nécessite d'intégrer l'élément déterminant qu'est le contexte de son énonciation.

De manière synthétique, c'est ainsi que l'on peut présenter ce que Mamoussé Diagne appelle une « ***Logique de l'Oralité*** » qui est caractérisée par le fait que « *(...) le logos oral est proféré de vive voix, en situation de performance, dans une trame temporelle instituant un défi à sa rétention durable (...)*[14] ». C'est que – comme nous le rappelle le philosophe sénégalais – le proverbe est par principe évoqué à l'adresse d'autres que le locuteur lui-même : ce qu'on nomme une « *énonciation* ». Puis, l'importance de son évocation consiste dans sa capacité à éclairer une situation donnée, en établissant des similitudes

---

[13] Diagne (M), p 75.
[14] Diagne (M), Op. Cit., p 55.

remarquables avec un ensemble d'autres situations particulières passées – ce qu'on nomme « *expérience* » – dont on a une bonne connaissance. Le proverbe permet donc de signifier une situation, d'en tirer les conséquences théoriques et pratiques les plus remarquables. En retour, le contexte particulier permet de décider de la pertinence du proverbe.

Maintenant, d'un point de vue épistémologique émerge une question intéressante relative au traitement de situations de faits inédites. Ici la réponse est d'ordre méthodologique et consistera à dire qu'en pareil cas, on pourrait procéder par annexion de ladite situation originale au corpus de proverbes déjà à disposition. Position qui se veut nettement pragmatique. Et pour revenir au point de ce chapitre, nous retiendrons simplement que les proverbes sont des sortes de classes abstraites – en tant que figures paradigmatiques – de situations existentielles, et qu'un seul et même proverbe peut entretenir des liens d'analogie avec des ensembles des situations n'appartenant pas forcément à la même classe de phénomènes.

En effet, dans une interprétation donnée, un proverbe pourra s'appliquer à une situation qui relève d'un domaine hautement théorique, tandis que, suivant une autre interprétation, ce même proverbe s'appliquera à une situation empirique (relevant du champ politique, par exemple).

Chapitre IIe : Dimensions interprétative et pragmatique du langage proverbial.

La principale fonction des proverbes qui nous occupe ici, à savoir leur fonction de règles de rationalité applicables à divers cas pratiques et théoriques est implémentée dans le cadre des échanges argumentatifs. Dans ce processus d'échange dialogique, le proverbe est évoqué aux fins d'accroître la force de persuasion des arguments, ce qui a pour finalité de rallier l'adhésion à l'une ou l'autre des parties en opposition. L'une des particularités du proverbe, c'est qu'il apparaît comme une proposition générale (ayant fonction à la fois de règle d'inférence et de proposition primitive), à partir de laquelle on dérive une proposition conclusive, appliquée au cas particulier en discussion. Et cette dérivation conclusive est précédée d'un moment herméneutique, où il y a explicitation de la signification générique dudit proverbe, puis l'établissement d'un rapport analogique au cas particulier en question. Prenons un banal exemple.

Si l'on voudrait justifier la standardisation d'un individu au sein d'une société qui lui est étrangère, l'on évoquera la sentence proverbiale suivant laquelle, « *une panthère qui se trouve hors de son territoire est telle une civette* ». Sentence dont l'explicitation de sens générique indique le fait que, pour tout individu – quel qu'en soit le rang social – la localisation en dehors de son territoire d'origine entraîne la banalisation de sa stature, de sorte que cet individu étranger ne bénéficie plus du prestige qui, d'ordinaire, lui est échu dans sa société d'origine. De cette compréhension, on dérive la conclusion selon laquelle, il est alors dans l'ordre des choses que le fils d'un prince se trouvant à l'étranger y soit traité comme un citoyen ordinaire, dès lors que ce dernier instancie la figure d'une panthère hors de son territoire, qui devient de ce fait, telle une civette ; c'est-à-dire un individu sans prestige particulier.

Schématiquement, on pose le proverbe, on l'explicite de manière générique, ensuite l'on établit de manière pertinente le rapport analogique à la situation considérée, puis on en dérive la conclusion recherchée. D'une part donc, du point de vue culturel, le proverbe va, non seulement servir de moule dans lequel seront mises et travaillées certaines questions, en plus d'en être l'instrument de transformation duquel sortira la solution au problème posé considéré. Ici nous voulons nous appesantir sur le caractère pragmatique de l'usage du proverbe en précisant la nature rhétorique de certains jeux de langages dans lesquels le proverbe a une occurrence.

En effet, la sentence proverbiale peut être utilisée dans le processus d'échange de points de vue à des fins rhétoriques pour asseoir une certaine sophistique. C'est le moment des jeux de langage dans lesquels l'un des interlocuteurs amène insidieusement son adversaire à lui faire de manière subtile, des concessions dont il se servira pour réfuter cet adversaire. Ou encore, les phases d'utilisation de certaines parades rhétoriques pour obtenir l'attention soutenue de l'auditoire, et surtout rallier l'adhésion de cet auditoire à la cause de l'orateur, sans même que celui-ci n'ait argumenté sa position.

Il y a donc tout un ensemble de jeux de langage utilisés à des fins de persuasion, dans lesquels le proverbe se trouve être l'élément central. Nous rappellerons ces contextes d'usage et le statut fonctionnel – chaque fois relatif – du proverbe, lorsqu'en fin de cette première partie, nous illustrerons par des simulations de dialogues argumentatifs. Mais pour l'instant, nous allons brièvement discuter de la dimension herméneutique dans l'usage du proverbe.

(§1)- **Phase herméneutique (nécessité d'interpréter pour une compréhension pertinente du proverbe).**

L'usage pertinent d'un proverbe nécessite – nous l'avons déjà dit – en plus de l'explicitation du sens générique, l'établissement d'un rapport analogique au cas individuel considéré, comme cela est d'ordinaire implémenté dans la pratique des textes du droit positif. Et, puisque nous considérons le proverbe comme une proposition générale accordée comme vraie, c'est-à-dire comme une loi générale de connaissance, et la situation particulière qui conduit à la convocation de ce proverbe devra en être une instance particulière, subsumée sous cette loi générale de connaissance qu'est justement le proverbe. Le parallèle fait avec le domaine du droit est pertinent, puisqu'à l'image des règles de droit dont l'usage n'est possible qu'après qualification des faits à juger, l'utilisation pertinente du proverbe obéit au principe de qualification des faits en instance. C'est que le processus de subsomption de la situation particulière (débattue) sous l'image générique du proverbe revient exactement à la phase de qualification des faits objectifs lors de l'application d'une règle de droit. Voilà pourquoi, toute conséquence induite par cette application d'une proposition générale – une loi de connaissance générale ou une règle de droit – à une situation de faits particuliers trouve toute sa légitimité et sa dimension de rationalité. Dans le cadre de la procédure d'argumentation avec usage des proverbes, l'occurrence et l'application de la règle de rationalité générale qu'est la proposition proverbiale dans le corps d'un argument, permet de considérer l'inférence comme une véritable dérivation logique. Cependant, nous préciserons dans la section y relative, à quel type d'inférence nous avons à faire dans ce cas. Pour l'instant nous nous appesantissons sur l'analyse portant sur le cadre herméneutique qui régit la signification de la symbolique proverbiale. De là, les recherches et l'essai de reconstruction d'un cadre général visent globalement, et de manière résumée, à répondre aux questions suivantes :

1- Étant donné un proverbe, qu'est-ce qui permet à un agent épistémique de l'interpréter de telle ou telle autre manière ? (Clés de décodage de la symbolique du proverbe)

2- Qu'est-ce qui rend possible, le rattachement pertinent d'un seul et même proverbe à différentes situations pratiques qui n'ont rien de commun à première vue? Autrement dit, qu'est-ce qui fonde l'universalité (du point de vue culturel négro-africain) de l'image générique qu'est le proverbe ?

3- Le contexte d'utilisation du proverbe influe-t-il, en tant qu'arrière-plan épistémique, dans le travail d'interprétation? Ou bien cette tâche d'interprétation obéit-elle systématiquement à des sortes de classes de correspondances entre univers du discours proverbial et univers des situations pratiques auxquelles doit s'appliquer le proverbe ?

Dans un premier moment, il s'agit d'abord de s'appesantir sur les différents domaines d'objets sur lesquels porte le discours proverbial car, selon le type d'entités référées par le discours et les rapports qu'entretiennent les termes entre eux – termes mis pour ces entités – au sein du discours, dépend la possibilité d'établissement d'un lien analogique du proverbe avec le cas particulier considéré. Autrement dit, c'est la structure interne du discours proverbial qui indique la possibilité ou non qu'un proverbe, dans une situation concrète donnée, soit convoqué avec pertinence. Ce sont donc ces deux phases de construction du sens et de l'image qui constituent le moment herméneutique dans l'usage du proverbe[15].

Nous intuitionnons l'idée selon laquelle l'univers du discours proverbial serait comme un domaine d'archétypes – au sens platonicien – servant de modèles abstraits généraux aux différentes configurations ontologiques qui peuvent être concrètement considérées. C'est que la structuration du domaine symbolique décrit par le discours proverbial doit avoir une similitude avec la

---

15
  Notons d'abord – et c'est toujours là l'une des insuffisances de l'oralité – que dans les traditions et cultures bantu, le cadre interprétatif de la symbolique proverbiale semble quelque peu diffus et non systématisé ; c'est-à-dire qu'ici, nous observons un nombre considérable d'implicites dans le travail d'interprétation, notamment la très large latitude qui est laissée à l'orateur, suivant sa perspicacité propre, d'établir les rapports analogiques judicieux entre la généricité du proverbe qu'il convoque et l'instance de la situation particulière qu'il considère. Par exemple, pour deux situations pratiques différentes, qui engagent des domaines d'entités différents, un même proverbe peut être convoqué et y être appliqué. Il ne semble pas y avoir un canon d'interprétation – qui aurait pu être procédural – qui délimiterait systématiquement le domaine des analogies possibles pour chaque image symbolique et chaque sentence proverbial.

structuration du domaine ontologique (relatif) de la situation concrète individuelle considérée. Donc, si l'on procédait par une sémantique formelle, l'on verrait que le langage proverbial est une sorte de cadre d'évaluation général dans lequel peuvent s'insérer une infinité de modèles individuels représentant les éléments du langage factuel des situations concrètes. Lors de la convocation supposée pertinente d'un proverbe, l'établissement du rapport d'analogie avec la situation particulière discutée n'a lieu que grâce à cet isomorphisme des structures entre langage proverbial générique et langage factuel descriptif des situations concrètes.

Par ailleurs, il semblerait que tous les termes de l'univers du discours proverbial sont ontologiquement engagés ; c'est-à-dire que le langage proverbial est plein d'import existentiel[16]. Toutefois, nous laissons ces considérations pour des discussions approfondies en d'autres lieux.

(§2)- **Pragmatique du discours proverbial (proverbes et force de persuasion du discours).**

L'analyse et la compréhension approfondies d'une pratique langagière nécessitent de considérer les contextes matériels, temporels, politiques

---

[16] Si on considère la forme syntaxique générale du proverbe dans l'idiome de la logique symbolique, on s'apercevra que toutes les variables y occurrent sont toutes liées : la variable qu'on assigne au sujet topique est liée par le quantificateur universel, tandis que les autres variables (s'il y en a), sont naturellement liées par un quantificateur existentiel. Par ailleurs, le fait qu'on considère que, culturellement, le proverbe est une proposition générale qui synthétise un ensemble large d'expériences relevant d'un même type existentiel, on est tenté de penser que sa compréhension philosophique indexe toujours déjà le déploiement, même relatif, d'une parcelle de la sphère ontologique en propre. Toutefois, certains pourraient avoir une attitude dubitative sur ce point.

On pourrait par exemple, se demander en effet si, en tant qu'image symbolique, le proverbe ne contiendrait-il pas essentiellement des références objectuelles symboliques ? Auquel cas, n'est-il pas risqué d'affirmer que tous les termes du discours proverbial ont des référents réels dans la sphère ontologique ?

et quelques fois religieux, dans lesquels se produit ladite pratique. Autrement dit, il s'impose de considérer le contexte culturel et historique de production des faits de langage. Et, dans le cadre des traditions orales africaines, les différents contextes d'usage des proverbes – contextes polémiques d'argumentation, contextes épistémiques de transmission d'un savoir, contextes déontiques de prononciation d'un avis moral raisonné, etc. – participent à la détermination de la valeur pragmatique des énoncés. Par ailleurs, les divers faits de langage eux-mêmes, contribuent à la valeur de pertinence du discours proverbial. Faisons cependant, quelques remarques annexes.

- L'une des premières difficultés à travailler de manière scientifique sur les proverbes négro-africains, tient de l'insuffisance et des limites intrinsèques de la traduction. En effet, traiter d'un corpus au moyen d'une langue qui n'est pas celle dans laquelle ce corpus a été façonné originellement fait perdre beaucoup d'éléments essentiels à la pleine saisie dudit corpus. Les proverbes appartiennent à une sous classe du langage naturel qui se donnent essentiellement à travers des parades rhétoriques particulières : les intonations, la gestuelle de l'orateur, les différentes invites en direction de l'auditoire, les exclamations, etc., tout ceci fait partie de la mouture du proverbe dans son contexte chaque fois particulier d'utilisation, et que l'on perd au cours de la traduction et du rapport à une autre culture. D'ailleurs, comment s'imaginer faire ressortir tous ces éléments – qui sont essentiels au drame de la parole proverbiale – dans la présentation d'un document qui n'en est qu'une retranscription !! Notons surtout que ces éléments constituent ensemble la base pragmatique du discours proverbial.

- Les proverbes ont des caractéristiques morphologiques certes variées mais, assez remarquables, qui ne coïncident pas forcément avec l'orthodoxie grammaticale de base. Par exemple, la condensation de la longueur des phrases – par le raccourcissement du segment verbal – la forme elliptique qui économise carrément le verbe, etc., toutes ces caractéristiques morphologiques participent aussi – à côté des faits d'illocution, des intonations et du changement de rythme dans la diction – de façon conséquente, à la dimension pragmatique du discours. Un locuteur aura beau évoquer le bon proverbe au bon moment de l'échange argumentatif, si la diction, le ton, et l'expression générale de la théâtralité ne réussissent pas à entraîner l'auditoire dans le drame de saisie du sens qu'expose le proverbe évoqué, ce locuteur n'aura pas non plus réussit à persuader son auditoire, en dépit de la ressource argumentative qu'il vient d'user.

Dans le cadre des sociétés traditionnelles négro-africaines, certaines phases de l'activité oratoire imposent au locuteur qui évoque une sentence proverbiale d'émettre une sorte d'invite générale en direction de l'assistance, de sorte que cette dernière participe avec lui au drame du contenu de la parole proverbiale.

Ici, nous sommes dans le cadre d'un usage langagier qui n'a d'autre visée de communication que la performance. Et, c'est bien pour cela que nous avons intitulé ce paraphe « pragmatique du discours proverbial ». Car, si il est avéré que la parole proverbiale est d'abord et avant tout une parole de la sagesse (qui renferme souvent même des gnoses entières), reste que cette dernière a ceci de particulier qu'elle n'est jamais une parole privée ou qui serait utilisée dans un cadre privé ; bien au contraire, c'est une parole publique, elle est structurée pour l'adresse à autrui, et surtout aux autres. Ce qui veut dire qu'on est toujours, non pas en situation de recherche de la vérité, mais à la recherche de l'efficacité. Même quand cette parole se donne en tant que parcelle d'épistémè.

Chapitre IIIè : Argumentation défaisable dans les Traditions orales africaines. Cadre formel.

Dans ce chapitre, et suite à la déclinaison que nous avons précédemment faite des fonctions du proverbe dans les cultures orales, nous allons procéder à une qualification formelle de celui-ci. De-là, et après avoir considéré une forme syntaxique canonique pour ce type spécifique de propositions, nous présenterons un essai de structure abstraite d'argumentation basée sur l'usage de ces propositions proverbiales.

(§1)- Qualification formelle et forme syntaxique générique des propositions proverbiales.

Ayant précédemment définit le proverbe – suivant le système épistémologique traditionnel négro-africain – comme étant une proposition générale primitive, nous pouvons alors considérer informellement toute sentence proverbiale comme un axiome dans notre système. En plus, nous nous accordons à attribuer au proverbe la forme syntaxique générique d'une implication – cela colle fermement, en effet, à son expression littérale – de sorte que pour tout proverbe $\mathbb{P}$ on a : $\mathbb{P} = \Phi \rightarrow \Psi$. Remarquons au passage, que si nous canonisions la syntaxe des proverbes dans un langage des prédicats de premier ordre[17], nous aurions des formules closes sous la quantification universelle. Pour le moment nous nous restreignons à sa présentation au niveau du langage propositionnel.

Par ailleurs, nous utiliserons, en temps opportun et après justification, un fragment de l'axiomatique de la Dynamique épistémique (ou

---

[17] De fait, si nous travaillions au premier ordre $\mathbb{P}$ serait de la forme $\forall x\, (\Phi \rightarrow \Psi)$ avec Φ et Ψ des phrases de premier ordre dans lesquelles figure une occurrence libre de x, de plus Φ et Ψ pourraient être de n'importe quelle complexité.

Théorie de la Révision des Croyances) pour modéliser le fonctionnement de l'argumentation avec usage des proverbes. De plus, étant donné que ces derniers constituent une sorte de *Background knowledge* culturel, nous considérerons leur totalité comme formant un langage à part entière, que nous notons $\mathcal{L}_\mathbb{P}$, et dont les sous-ensembles (c'est-à-dire les groupes de proverbes) constituent des bases de croyance. Ainsi, dans le cadre d'une controverse, l'ensemble des proverbes qu'utilise un agent rationnel pour argumenter une thèse, constitue une base de croyance pour cet agent. Et, chaque fois qu'un proverbe est neutralisé, la totalité de ses conséquences logiques est rejetée. Cependant, une conséquence d'un proverbe pourrait être éliminée rationnellement sans pour autant entraîner la neutralisation dudit proverbe. Nous reviendrons sur ces considérations lorsque nous traiterons des règles dialogiques pour l'argumentation défaisable. Ceci étant posé, nous allons brièvement indiquer la tâche foncière du proverbe au sein d'un argument et ce relativement à sa forme syntaxique.

D'une part, le champ herméneutique étant caractérisé par l'illimitation (par principe) des possibilités de lecture d'un discours, la sentence proverbiale se trouve ainsi ré-interprétable au besoin. Ce qui explique en partie la souplesse qu'il y a dans l'application du proverbe à diverses situations de réflexion possibles. Ainsi, le proverbe, considéré comme proposition générale ayant fonction de thèse dans les systèmes d'argumentation des traditions orales, marque une différence fondamentale avec ce qui est appelé « thèses » dans les systèmes d'argumentation formels. C'est que pour le premier, les domaines d'objets auxquels il peut s'appliquer ne sont pas restreints *a priori*, car tout dépend de la possibilité ou non qu'il y a à établir un rapport d'analogie entre son sens générique et les différents domaines d'objets examinés en instance. Alors que les propositions générales des cadres formels sont strictement limitées à des domaines d'objets clairement définis. C'est cette différence foncière qui explique plus profondément, la défaisabilité des raisonnements (arguments) où il est fait usage de proverbes en tant qu'éléments centraux de la dérivation (point que nous aborderons de manière plus formelle par la suite).

(§2). Illustration sommaire du fonctionnement structurel des proverbes dans le corps des arguments.

Disons d'abord que toute notre reconstruction s'efforcera de rester le plus fidèle possible aux principes et règles de la pratique argumentative traditionnelle africaine dans son effectivité. Pour cette raison, nous rappellerons de temps en temps certains de ces principes et règles d'usage, quand le besoin l'imposera. Et en l'occurrence, nous rappelons l'une de ces règles qui concerne la formation structurale interne et typique des arguments.

Dans les traditions orales africaines, la construction d'un propos raisonné utile à une tâche de discursivité, ne peut atteindre un quelconque poids de rationalité escompté que si le propos construit recèle en son sein une proposition proverbiale. Cette dernière est l'élément déterminant du statut de rationalité du discours en général, et de l'argument individuel en particulier. Concernant la construction des arguments, il n'est pas imaginable qu'il n'y figure aucune sentence proverbiale ; c'est que celle-ci apporte non seulement la caution qu'est l'autorité de la sagesse traditionnelle, mais aussi la puissance pragmatique qu'entraîne le mouvement rhétorique de son énonciation en situation de débat. Peu importe le degré de cohérence que puisse présenter un discours, en situation de discursivité – transmission d'un contenu de connaissance par l'enseignement oral, recherche de la persuasion par des stratégies rhétoriques de renforcement d'un propos, etc. – pour que la parole soit vive et vivifiante, il est impératif et nécessaire d'avoir l'apport de cet élément de poids qu'est le proverbe et qui donne de la légitimité au contenu.

Ce point, qui est le rappel d'un principe fondamental, étant posé et précisé, nous pouvons maintenant discuter à proprement parler, du fonctionnement structurel de ces propositions proverbiales dans le corps des arguments.

Considérons α un argument quelconque ; celui-ci est basiquement composé d'un ensemble de prémisses $\Gamma \cup \mathbb{P}$ (qui n'est jamais vide), avec $\mathbb{P}$ un proverbe ayant statut de proposition générale vraie, et d'une conclusion $\mathfrak{C}$ (la conclusion doit être une formule de complexité quelconque). Afin que la sentence proverbiale joue pleinement son rôle de prémisse stratégique, il faut qu'au moins un élément de Γ en soit une instance de l'antécédent (de $\mathbb{P}$), en même temps que la conclusion $\mathfrak{C}$ de l'argument doit être une instance du conséquent de $\mathbb{P}$. De la sorte, toute inférence se fait sur le modèle du «*Modus Ponens* » de la façon suivante :

$\alpha = \Gamma, \mathbb{P} \Rightarrow \mathfrak{C}$. C'est-à-dire $\alpha = (\varphi_1 \wedge \ldots \wedge \varphi_n) \wedge (\Phi \rightarrow \Psi) \Rightarrow \psi_i$, avec $n \geq 1$ et où au moins l'un des $\varphi_i \approx^{18} \Phi$ et $\psi_i \approx \Psi$.

Définition 1 : « **Proverbe** ».

Soit $\Lambda_\mathbb{P}$ le système d'argumentation des traditions orales et α_i un argument quelconque de ce système. Un proverbe $\mathbb{P}_i$ apparaissant dans α_i, est une proposition ayant statut, à la fois de loi générale de connaissance et de règle d'inférence, dont la structure syntaxique se donne sous forme d'implication $\mathbb{P}_i = \Phi \rightarrow \Psi$, telle que son antécédent Φ est la forme générale d'au moins une prémisse de α_i, en même temps que son conséquent Ψ doit être une forme générale de la conclusion de cet argument α_i.

Remarque: La totalité des sentences proverbiales constitue le langage $\mathcal{L}_\mathbb{P}$ qui est lui-même un sous-ensemble du langage propositionnel standard.

Nous disions précédemment que le proverbe se présente comme une proposition générale accordée comme vraie. C'est en cela qu'il fait

---

[18] Nous utilisons ce symbole " $\approx$ " pour indiquer une relation binaire d'**équivalence par analogie** entre des paires de propositions. C'est cette relation qui servira formellement à rattacher une lecture interprétative de proverbe à un énoncé de fait.

partie d'une sorte de « **background Knowledge** » culturel (un cadre de connaissances communes), et assure ainsi la légitimité des dérivations conclusives qui sont faites à la suite de son énonciation. Du point de vue de la pragmatique du discours, le proverbe accroît la force de persuasion des arguments dans lesquels il apparaît. Chaque sentence proverbiale sera donc considérée comme une thèse (un axiome dans ce cas précis) dans le système que nous essayons de modéliser. Le rapport de confrontation entre deux proverbes différents utilisés chacun par des parties adverses d'un débat sera représenté par une relation de pertinence relative (ou puissance persuasive). De telle sorte que cette relation établira chaque fois l'ordre de priorité ("$\geq$" = « plus pertinent que…, plus persuasif que… ») entre des sentences qui sont employées dans des arguments opposés. Par exemple $\mathbb{P}_1 \geq \mathbb{P}$ indiquera que $\mathbb{P}_1$ est relativement plus pertinent que $\mathbb{P}$. Du coup, une question d'ordre pratique surgit :

Qu'est-ce qui permet de décider du degré de pertinence de sorte à établir cet ordre de priorité entre deux proverbes ?

Au niveau de la modélisation du processus de l'argumentation (propre aux cultures orales africaines), et donc au plan de la représentation formelle, nous ne prendrons pas en compte ces considérations ; certes ces dernières relèvent de la pragmatique du discours, mais elles constituent en quelque sorte, cette partie de la pragmatique qui ne peuvent être formalisées. D'ailleurs, dans l'analyse pragmatique du discours proverbial, nous établissons un autre parallèle avec les critères qu'énonce Prakken relatifs à l'ordre de pertinence des arguments dans l'étude logique de l'argumentation juridique. Et, comme le disent Prakken et Sartor[19] à cette occasion, la règle de préséance qui décide de la défection ou non d'un argument par un autre, ne peut être universelle ; tout comme le principe qui doit fixer l'ordre de préséance entre deux règles juridiques aux contenus concurrents n'est pas non

---

[19] Prakken (Henry), Sartor (Giovanni); "A dialectical model of assessing conflicting arguments in legal reasoning" In *Artificial Intelligence and Law* 4: p 331-368, Springer, Netherlands 1996

plus universel. Le principe de spécificité qui est accepté comme principe d'ordre entre des arguments adverses, ne peut intervenir comme tel dans tous les domaines d'application du raisonnement. Suivant les domaines, les objets et les contextes auxquels on applique le raisonnement, dépend le critère de rationalité qui règle la priorité entre les arguments en compétition. Et dans le cadre des cultures orales africaines, le critère de décision sur la pertinence relative entre proverbes appartenant à des arguments opposés, n'est pas la spécificité, mais l'exceptionnalité ; dans le sens où deux proverbes entretenant une relation d'opposition dans leurs conséquences respectives se départagent lorsque l'un peut apparaître comme exception de l'autre, relativement au cas en discussion. Si l'interprétation de l'un des proverbes inclut une clause d'exception par rapport à l'interprétation de l'autre, alors le premier proverbe est déclaré relativement plus pertinent que le second, dans le contexte de discussion particulier en instance.

Par ailleurs, il semblerait qu'à la différence du cadre dialogique standard, dans le système d'argumentation que nous abordons ici, le dialogue ne clôt jamais de manière formelle et totale – du moins en principe – puisque le gain ou la perte d'un débat dépend de la perspicacité des orateurs dans leurs capacités effectives à mobiliser, de manière stratégique, un éventail plus ou moins large de ressources argumentatives (la quantité de proverbes à disposition et la pertinence de leur utilisation en contexte) pour défendre un point de vue. Et donc, suivant la capacité ou non à évoquer de nouveaux proverbes pertinents pour le rétablissement de son argument précédemment défait, dépend la clôture ou non du débat dialogique. Dans ces conditions, il paraîtrait, à première vue, quasiment impossible de construire des stratégies formelles de victoire applicables à ce modèle d'argumentation. Parce que, en principe, les ressources ne sont justement pas limitées *a priori*. Ce qui fait imaginer une situation telle que la suivante.

Soit **X** et **Y** deux agents rationnels engagés dans une controverse ; on peut avoir :

(I)
$$\begin{array}{l} X: \varphi \wedge \psi \wedge, \ ; \mathbb{P} \Rightarrow \mathfrak{C} \ (\varphi \text{ et } \psi \text{ sont des propositions de complexité quelconque et } \mathbb{P} \text{ un proverbe}) \\ Y: \varphi \wedge \psi \wedge, \ldots ; \mathbb{P}; \mathbb{P}_1 \Rightarrow \neg \mathfrak{C} \ \text{ car } \mathbb{P}_1 \geq \mathbb{P} \text{ et } \mathbb{P}_1 \Rightarrow \neg \mathfrak{C}. \end{array}$$

(II)
$$\begin{array}{l} X:\ldots \mathbb{P}_1; \mathbb{P}_i \Rightarrow \mathfrak{C}_i \ \ (\text{avec } \mathbb{P}_i \geq \mathbb{P}_1 \text{ et } \mathfrak{C}_i = \mathfrak{C}) \\ Y: \ldots \mathbb{P}_i; \mathbb{P}_n \Rightarrow \mathfrak{C}_n \ \ (\text{avec } \mathbb{P}_n \geq \mathbb{P}_i \text{ et } \mathfrak{C}_n = \neg \mathfrak{C}) \end{array}$$
·
·
·

Ici l'on fait l'hypothèse d'un échange argumentatif où chacune des deux parties engagées dans la controverse dispose, à chaque fois, de la ressource argumentative adéquate pour renforcer son point de vue. Idéalement, on considère la présence d'une sorte d'oracle qui met toujours à disposition des joueurs le proverbe dont ils ont besoin à leurs tours respectifs de jouer (c'est-à-dire d'argumenter, contre argumenter, défaire ou rétablir un argument précédemment défait). Dans ces conditions, et sous cette hypothèse de l'oracle, on peut imaginer la disponibilité d'une stratégie de victoire qu'il nous restera encore à construire. Toutefois, et de manière informelle, on peut d'abord donner une clause de clôture contextuelle du dialogue et celle autre de gain d'un dialogue comme suit :

Règle de clôture contextuelle d'une controverse :

Le dialogue est clos lorsque l'un des interlocuteurs n'a plus de nouvelle sentence proverbiale à ajouter pour le renforcement de son argument de base.

Règle de victoire dans une controverse :

Le joueur ayant fait le dernier coup accompagné d'une sentence proverbiale, et qui n'a pas été contredit, gagne le dialogue (c'est une sorte de victoire informelle). Nous reviendrons sur ces considérations lorsque nous tenterons une adaptation au cadre dialogique standard que nous réaménagerons pour l'occasion.

Un autre point d'importance, sur lequel nous devons porter notre attention, est celui relatif à la dynamique de l'inférence qu'insuffle l'usage des proverbes. Ici, en effet, pourquoi est-ce que l'utilisation d'un proverbe par un interlocuteur Opposant, entraîne-t-elle la défection de l'argument précédemment posé par le Proposant ? De manière illustrée, pourquoi le phénomène suivant est-il possible ?

Interl. (X): $a \wedge b \wedge \ldots; \mathbb{P} \Rightarrow \mathbb{C}$

Interl. (Y): $a \wedge b \wedge \ldots \wedge \mathbb{P}; \mathbb{P}_1 \Rightarrow \neg \mathbb{C}$ avec $\mathbb{P}_1 \geq \mathbb{P}$

$[\mathbb{P}] \; \mathbb{P}_1 \Rightarrow \neg \mathbb{C}$

La mise entre crochets du proverbe $[\mathbb{P}]$ signifie que ce dernier est éliminé par le proverbe $\mathbb{P}_1$ qui lui est plus pertinent. Ce qui entraîne le fait que la conclusion qui s'impose en fin de *round* argumentatif, c'est celle tirée du proverbe le plus pertinent. Et donc, à cette étape de la controverse, c'est la conclusion $\neg \mathbb{C}$ qui s'impose.

La réponse évidente ici est que la dérivation de la conclusion n'est pas stricte. Ce qui montre déjà que les groupes de prémisses ne sont pas clos sous la conséquence logique, sinon l'ajout d'une extra prémisse ne modifierait pas la conclusion précédemment dérivée. Plus profondément, ce qui permet la défection d'un argument dont le proverbe est l'élément essentiel de la dérivation, c'est qu'on peut toujours trouver des contre-proverbes à un proverbe, de sorte que ces sentence générales, certes assumées comme vraies, laissent systématiquement place à des exceptions. Ici, l'exception à la règle est naturellement un autre proverbe. Finalement, le critère de construction de la relation inégalitaire de pertinence relative entre des sentences ayant des conséquences contradictoires, tient dans le fait que l'une d'elles se constitue comme exception à l'autre. Précisément, soit $\mathbb{P}_1$ et

$\mathbb{P}_2$ deux sentences aux conséquences opposées, si $\mathbb{P}_2$ apparaît comme une exception à $\mathbb{P}_1$ alors $\mathbb{P}_2 \geq \mathbb{P}_1$, c'est-à-dire que $\mathbb{P}_2$ est plus pertinent que $\mathbb{P}_1$ relativement à un point de discussion considéré. Prenons un exemple :

Supposons que dans une affaire de droit, un individu (appelons-le « Y ») se voit accusé de vol. Celui-ci a contre lui, plusieurs témoignages accablants. Cependant, ce prévenu ne cesse de clamer son innocence. L'un des accusateurs (que nous nommons « X »), évoque une sentence proverbiale conduisant à la conclusion selon laquelle « B » est vraiment le coupable ; voici comment argumente cet accusateur :

Interlocuteur X : « *Tu as beau te défendre de n'avoir rien fait* (φ), *mais plusieurs témoins déposent contre toi* (ψ). *Et comme le dit la sagesse ancestrale :* ˋ***Lorsque tout un village pointe du doigt en direction d'un seul et même enfant, c'est que ce dernier cache forcément une tare*** ($\mathbb{P}_i$)˝. *Alors, puisque tout le monde t'accuse c'est que tu dois avoir une part active dans cette affaire de vol.* ($\mathfrak{C}_i$) ».

Forme de l'argument de X : $\Gamma, \mathbb{P}_i \Rightarrow \mathfrak{C}_i$. Nous pouvons disséquer la structure du proverbe comme suit : $\mathbb{P}_i = \psi \rightarrow \gamma$; les autres prémisses comme $\Gamma = \{\varphi, \psi_i\}$ et la conclusion comme $\mathfrak{C}_i = \gamma_i$. Ce qui donne la forme entière de l'argument suivante : $\dfrac{\varphi_i \wedge \psi_i, \psi \rightarrow \gamma}{\gamma_i}$

Interlocuteur Y : « *Certes plusieurs personnes ont déposé contre moi* (ψ_i), *et que la sagesse ancestrale dit qu*ˋ ***un enfant mis à l'index par la communauté est un individu problématique*** ˝ ($\mathbb{P}_i$). *Reste que tous ces témoins à charge sont des enfants* ($\omega = \psi_i$). *Or, la sagesse dit aussi ceci :* ˋ ***Lorsque des mères, revenant des travaux champêtres, interrogent la responsabilité de leurs enfants au sujet de la*** *disparition de victuailles, ces derniers répondent simultanément par l'affirmative et par la négative* ($\mathbb{P}_j$).″ *Le témoignage des enfants n'est donc pas crédible* (en raison de leurs diverses confusions) ($\neg\delta$) ; *on ne peut donc pas conclure à ma culpabilité sur ce témoignage* ($\neg\mathfrak{C}_i$)».

<u>Forme de l'argument de Y</u> : Γ', $\mathbb{P}_j \cup \{\chi\} \Rightarrow \mathfrak{C}_j$ (avec $\mathbb{P}_j \geq \mathbb{P}_i$). Nous disséquons de même les prémisses comme suit : $\Gamma' = \Gamma \cup \{P_i\}$; $\mathbb{P}_j = \omega \to \neg\delta$ et $\chi = (\omega = \psi_i)$; et par principe $\neg\delta \supset \neg\gamma$, c'est-à-dire qu'à partir d'un témoignage non crédible on ne peut condamner un prévenu ; ainsi la conclusion se présente comme suit : $\mathfrak{C}_j = \neg\gamma$. Ce qui nous donne la forme générale de l'argument suivante :

$$\frac{[((\varphi \wedge \psi_i) \wedge (\psi \to \gamma)) \wedge ((\psi_i = \omega) \wedge (\omega \to \neg\delta)] \wedge (\neg\delta \to \neg\gamma)]}{\neg\gamma_i.}$$

À présent nous voulons aborder la question de la *non-monotonicité* à partir de la *défaisabilité* des arguments à proprement parler. Lorsqu'on contre-argumente en évoquant un nouveau proverbe $\mathbb{P}_1$ aux fins de défaire un précédent argument A, on pratique de *facto* une sorte de révision propositionnelle dans l'ensemble des prémisses de A de sorte à modifier sa conclusion. Car, il nous faut garder à l'esprit que le but principal d'une argumentation c'est d'arriver à poser de manière soutenue une affirmation sous forme de proposition conclusive, dont la légitimité rationnelle vient de la relation de déductibilité qui lie cette proposition conclusive à l'ensemble des prémisses de l'argument dont elle découle (c'est-à-dire que la conclusion d'un argument valide doit être une conséquence logique de ses prémisses). Et donc, défaire un argument consiste, en principe, à rejeter la conclusion de cet argument en y introduisant une ou plusieurs nouvelles propositions sous forme d'extra prémisses, ce qui forcera à modifier sa conclusion. Mais ce processus de défection des arguments, pour une meilleure compréhension, pourrait être approché sous le schème de la « Dynamique des croyances », et ceci pour deux raisons.

a) D'abord nous avions définit le proverbe comme faisant partie d'un ensemble que nous avons qualifié – suivant les mots de Hintikka – de "Background Knowledge", c'est-à-dire un cadre de connaissance commune. C'est donc un ensemble de croyances, ou ensemble d'états épistémiques, qu'il convient de traiter comme tel.

b) Deuxièmement, dans le système de l'argumentation des traditions orales, bien que les proverbes y soient considérés comme des propositions générales et des sortes de règles d'inférence particulières, il n'empêche que certaines conclusions qu'ils permettent de tirer se voient être réfutées pour cause de l'intervention d'un contre proverbe, c'est-à-dire l'évocation, dans un contre argument, d'un proverbe aux conséquences contradictoires relativement à la précédente sentence.

Ces deux considérations laissent penser que les ensembles d'argument usant de sentences proverbiales ne sont pas clos sous la conséquence logique classique (qui est par nature une relation d'inférence stricte et monotone), dans la mesure où des arguments peuvent être défaits, puis rétablis, et ainsi de suite, selon que les promoteurs de ces arguments mobilisent efficacement, et en temps de besoin, les ressources proverbiales pertinentes. La dérivation est de fait non stable, non stricte et donc non-monotone. La question se pose alors de savoir : quel système de logique pourrait-il sous-tendre commodément la modélisation de la structure abstraite d'argumentation que nous essayons de reconstruire ?

Chapitre IVè : Usage des proverbes et Inférences non-monotoniques. Quels systèmes formels commodes pour la modélisation ?

Au regard du comportement structurel des arguments usant de proverbes (ces derniers considérés comme des prémisses stratégiques), il convient de préciser le type de logique qui en est sous-jacente et le système formel le mieux approprié pour accueillir une structure abstraite d'une telle forme d'argumentation.

Dès l'abord on a constaté que la défaisabilité des arguments tient de l'instabilité de la dérivation, ce qui est la caractéristique générale des logiques dites non-monotones. Celles-ci forment une grande famille de systèmes formels dont les plus notables sont : la Logique des Défauts – introduite par Raymond Reiter au début des années 1980 – la Logique de L'abduction, la Logique du changement et de la mise à jour des données épistémiques (encore appelée « Théorie formelle de la Révision de croyance et connaissance ») – initiée par les travaux du trio Alchuron-Gardenfors-Makinson. Le principe fondamental de toutes ces logiques consiste à considérer que la relation de déductibilité logique, qui met en rapport des ensembles de formules avec certaines de leurs conséquences, doit varier son résultat suivant la teneur des informations qui sont ajoutées aux ensembles de connaissances de base. Selon que de nouvelles formules sont ajoutées aux données d'entrée de la relation – l'ensemble des prémisses – dépendra le résultat de la déduction, ce qui entraîne l'abandon de la monotonicité propre à la logique classique. Mais avant de continuer, arrêtons-nous brièvement sur ce concept de *monotonie* classique.

De fait, du point de vue de la Logique classique, l'ajout de nouvelles prémisses à un ensemble de formules donné ne modifie en rien le résultat précédemment obtenu d'une déduction logique. Ce fait remarquable se note comme suit :

<u>Stabilité de la déduction classique</u> : Soit Γ un ensemble quelconque de formules ; si $\Gamma \vdash \alpha$ alors $\Gamma \cup \{\psi\} \vdash \alpha$, avec ψ qui est une formule quelconque.

Deux possibilités sont à considérer dans cette action d'ajout de prémisses :

a) ψ peut être consistante avec Γ, c'est-à-dire $\Gamma \cup \{\psi\} \nvdash \bot$, auquel cas α continue d'être déduite naturellement de $\Gamma \cup \{\psi\}$;

b) ψ peut être inconsistante avec Γ, c'est-à-dire $\Gamma \cup \{\psi\} \vdash \bot$; ici α doit encore être déduite de $\Gamma \cup \{\psi\}$, en raison du caractère explosif de la relation de déductibilité classique ; autrement dit la conséquence logique classique permet, à partir d'une inconsistance, de dériver n'importe quelle formule, quelle qu'elle soit, α étant l'une de celles qui peuvent suivre de ladite inconsistance.

De manière générale, une logique sous-tendant un système formel particulier est dite monotone lorsque tous les théorèmes dudit système demeurent comme tels après extension de ce système (original) par l'ajout de nouveaux axiomes. Autrement dit encore, une logique est dite monotone si toute formule valide en son sein, conserve ce même statut peut importe que le système de base opère une extension par l'ajout de nouveaux axiomes.

Maintenant, le cas b) est très intéressant : il appuie l'idée d'une constance des résultats dans l'application de l'opération de déduction logique, au sens où, peu importe l'ajout de nouvelles formules à l'ensemble des prémisses, un résultat déjà obtenu ne peut être perdu ni ne peut être altéré ; il ne peut que croître. C'est cela la signification méthodologique de la notion de monotonie. En langage simple, la monotonie nous dit qu'on peut seulement accroître l'information issue de la déduction logique, mais on ne peut jamais la perdre ou la diminuer. Ce qui laisse sous-entendre que la déduction classique se fait sur une **base d'information complète**.

Précisons enfin que la monotonie est une propriété remarquable de la déduction logique classique (qui est plus communément appelée « conséquence logique »). Cette conséquence est représentable de deux façon : elle est conçue comme une relation lorsqu'elle met en rapport des ensembles de formules (à la gauche du symbole métathéorique de déductibilité « $\vdash$ ») et des formules individuelles (à droite du turnstile) de la manière suivante : $\Gamma \vdash \varphi$, où Γ est un ensemble de formules et φ une formule individuelle. La conséquence logique peut aussi être considérée comme une opération lorsqu'elle s'applique à des ensembles de formules pour obtenir des ensembles plus étendus. De la sorte, si A est un ensemble quelconque de formules, alors A est inclus dans l'ensemble de ses conséquences, ce qui se note comme suit : $A \subseteq Cn(A)$. Et les deux représentations de la conséquence classique sont trivialement interchangeables car, étant donné une relation de déductibilité logique $\vdash$, on peut définir l'opération de conséquence logique Cn en appliquant $Cn(A) = \{\alpha : A \vdash \alpha\}$. De façon converse, nous pouvons définir la déductibilité logique « $\vdash$ » à partir de la conséquence logique Cn, en appliquant la règle suivante : $A \vdash x$ si et seulement si $x \in Cn(A)$. La monotonie nous dit donc que si $A \subseteq B$ alors $Cn(A) \subseteq Cn(B)$.

Maintenant, pour revenir à l'idée de non-monotonie, disons au premier abord que c'est contre ce présupposé philosophique et méthodologique de « *déduction sur base d'information complète* » (et donc de stabilité de la dérivation ou clôture déductive) que s'insurgent les Logiques dites non monotones. Ces dernières considèrent, au contraire, que l'ajout de nouvelles données à une base de connaissance peut en modifier la teneur, de sorte à faire varier les conclusions des inférences précédemment effectuées. Il peut donc y avoir perte ou accroissement d'information, selon qu'il y a consistance ou non entre l'ensemble de prémisses de base et la nouvelle information ajoutée. Certaines de ces

Logiques dites non-monotones font ainsi usage de règles d'inférence non stricte et d'une relation de déductibilité non stable. Quelques précisions supplémentaires sont cependant nécessaires.

Toutes ces logiques non-monotones citées ci-dessus ont un fondement déductif monotone, mais la non-monotonie n'apparaît que lors des opérations d'extension des théories qui y sont constructibles. Pour la Logique des Défauts[20] par exemple, il est question d'associer à une théorie de base, des suites d'hypothèses de défauts, pour former ensemble une théorie étendue à partir de laquelle toute déduction sera stable, mais dont les conséquences auront statut de **connaissances plausibles**. Voici comment se présente le caractère non-monotone de la logique des défauts :

Étant donné $\Delta = (D, W)$ une théorie de défauts munie d'une extension E. Si l'on augmente l'ensemble des défauts avec un ensemble D', et celui des formules primaires avec un W'. La théorie $\Delta' = (D \cup D', W \cup W')$ qui en résulte peut bien avoir une extension E', telle que : $E \nsubseteq E'$. C'est-à-dire que la théorie Δ ne s'étend pas de manière monotone, car la monotonie dit que si $A \subseteq B$ alors $Cn(A) \subseteq Cn(B)$; mais puisque $\Delta \subseteq \Delta'$ et que $E_\Delta \nsubseteq E'_{\Delta'}$ alors il y a non-monotonie.

Quant à choisir ce système formel pour servir de langage sous-jacent à notre modèle d'argumentation, il y a une sérieuse réserve à faire. Car, la sémantique des Défauts – qui sont en fait des hypothèses raisonnables et consistantes avec la théorie de base – ne nous permet pas de les assimiler à des propositions proverbiales qui, elles, ont un tout autre statut épistémologique dans notre cadre théorique. Ce ne sont pas des hypothèses mais bien des *propositions générales accordées comme vraies* et considérées comme des *thèses* (c'est-à-dire des propositions générales valides) dans notre système. De plus, dans la logique des défauts, les extensions de théories sont déductivement closes, ce qui n'est pas le cas des ensembles de proverbes. Ceux-ci ne

---

[20] Reiter, 1980, "A Logic for Default Reasoning", in *Artificial Intelligence*, Vol. 13, p 81-137.

sont pas clos pour deux raisons : (1) un proverbe, bien qu'étant une proposition générale, reste quand même une sorte de règle de rationalité construite inductivement ; (2) toute inférence faite en intégrant un proverbe est rendue possible par le fait d'une subsomption par analogie d'un cas individuel au cas générique qu'est justement ce proverbe. Or, le raisonnement analogique est par nature un raisonnement défaisable. Et donc, la proposition proverbiale, dans sa version formelle de « règle d'inférence », apparaît comme une règle non stricte, et donc les déductions faites avec son aide sont instables.

Au vu de ce qui précède, nous faisons nôtre le double choix méthodologique de prendre un fragment de l'axiomatique de la mise à jour des bases de données comme cadre d'opérationnalité formel sur lequel reposera notre modèle d'argumentation avec usage de proverbes. Ce fragment de la révision épistémique sera par la suite adapté au cadre de la logique dialogique où il s'agira de donner une description réaliste des procédures d'argumentation propres aux traditions orales africaines. Nous commençons par faire un exposé succinct de ce qu'est la révision épistémique.

(§1)- <u>Dynamique épistémique et mise à jour de bases de connaissance.</u>

La dynamique épistémique, encore appelée « ***Théorie de la Révision des croyances*** », est un système formel conçu pour les besoins de modélisation des changements d'états épistémiques et de mises à jour de bases de données. On peut résumer les fondements idéologiques de ce système comme suit :

Le milieu environnant le sujet épistémique est en constant changement ; les connaissances et croyances dudit sujet à propos de cet environnement doivent alors s'ajuster à ces mutations naturelles. Or, l'ajout d'une nouvelle information à une base de connaissance ne va pas sans certaines complications, tant la nouvelle information peut considérablement altérer la teneur de toute la base de données primaire. Ainsi, certaines précautions procédurales doivent être observées afin de préserver un équilibre épistémique de la base de données.

D'autre part, les changements de croyance peuvent aussi être dus à des facteurs internes au sujet. Par exemple, on peut avoir un certain nombre de croyances à propos de quelque chose. Puis, à un moment ultérieur, on se rend compte de la nature erronée de certaines de ces croyances antérieures ; ainsi est-on amené à réviser l'ensemble de ses propres croyances en les réajustant relativement à la correction qu'impose le constat d'erreur survenu.

Le système de la dynamique épistémique s'origine[21] dans les travaux du trio Alchourrón, Gärdenfors et Makinson qui publièrent

---

[21] En termes de synthèse historiographique, on peut relever quelques étapes significatives comme suit :
Depuis le début de l'informatique et celui de la computation, les programmeurs ont construit des bases de données et des procédures par lesquelles on peut mettre à jours ces bases de données. À ce titre, on peut remarquer que les développements croissants en Intelligence Artificielle ont largement inspiré les chercheurs en informatique théorique, puisqu'ils les ont amenés à construire des modèles encore plus performants de mise à jour des bases de données. Par exemple, aux environs de la fin des années 1970, Jon Doyle développa ce qu'on a appelé des « **Systèmes de Maintenance de la Vérité** », et cela participa grandement à la promotion théorique du système en cours de gestation. Dans la même ligne, Hansson (1999) note la contribution significative de l'article du trio Ronald Fagin, Jeffrey Ullman et Moshe Vardi, article parut en 1983 et dans lequel ils introduisent la notion de « Priorités de bases de données ».

L'autre courant intellectuel ayant contribué à la formation de la dynamique épistémique n'est autre que la Philosophie. En fait, dès le début du XXè siècle, de nombreuses discussions philosophiques portaient sur les mécanismes de développement et de changement de théories scientifiques. Des critères de rationalité furent proposés, relativement aux révisions sur les assignations de probabilités. Débutant là aussi dans les années 1970, une discussion plus précisément focalisée sur les conditions du changement rationnel de croyances prit place au sein de la communauté philosophique, et deux étapes importantes apparaissent ici : les travaux d'Isaac Levi dans les années 1970, dans lesquels il souleva certains des problèmes théoriques qui sont depuis lors devenus les principaux points d'intérêt de la recherche dans ce champ. Levi a, par ailleurs, fourni la structure formelle basique. L'étape importante suivante, qui est la plus connue et est devenue le standard, c'est le modèle l'axiomatique originale des opérations de contraction et de révision. Cette Logique de la dynamique épistémique s'applique, tant dans le domaine de l'intelligence artificielle (révision et changement de bases d'information) que dans celui des sciences de la computation (étude de la mise à jours des bases de données des systèmes experts) et des sciences cognitives (analyse de l'évolution des états épistémiques). Et, en philosophie, la dynamique épistémique a d'abord eu ses premières applications en épistémologie formelle, où les philosophes des sciences atteignent des modèles plus précis de changements paradigmatiques. De même les théoriciens du Droits travaillent à saisir des modèles de changement de codes juridiques. Les chercheurs en économie, travaillant à saisir des modèles plus réalistes, utilisent aussi des représentations formelles des changements de croyances des agents économiques. Et de nombreuses autres applications existent pour les formalismes de la dynamique épistémique.

La visée essentielle de ce système est de produire les critères de rationalité qui président aux changements de ce que nous allons appeler ici des « *états épistémiques* » : ensemble des croyances et des connaissances d'un sujet cognitif à différents points du temps. Et puisque, du point de vue de la modélisation en informatique théorique et en Intelligence Artificielle on considère qu'un ordinateur – en tant que système intelligent – est à l'image d'un système cognitif humain, on modélise donc le changement d'état épistémique comme une révision de programme et une mise à jour de bases de données.

En somme, il s'agit de fournir un appareil conceptuel de modélisation des procédures relatives aux changements de connaissances et de croyances. Et, entre autres choses, la théorie fournit une représentation

---

AGM d'Alchourrón, Gärdenfors et Makinson. En fait, Alchourrón et Makinson avaient précédemment collaboré sur des études portant sur les processus de changement de codes juridiques. Tandis que les travaux de jeunesse de Gärdenfors traitaient des relations entre le changement de croyances et les phrases de conditionnel. Et c'est dans la convergence de leurs réflexions respectives qu'ils ont publié l'article célèbre de 1985 et qui a été l'objet de profondes élaborations et de significatifs développements.

des éléments épistémiques et des critères de rationalité qui sont pertinents pour une meilleure compréhension de cette dynamique épistémique. Maintenant, il importe de préciser les concepts fondamentaux qui forment le cœur de ce système formel.

Nous avons la notion d'*état épistémique*, ou *état de croyance*, que nous allons interpréter suivant des modèles de représentation. Il faut entendre ici par état de croyance, non pas une notion psychologique, bien qu'elle indique l'état de connaissance et de croyance d'un agent humain à certain points du temps. Bien plutôt, l'état épistémique est entendu ici comme idéalisation rationnelle de l'état psychologique. Et, comme nous l'avions précédemment indiqué, le parallèle est fait qui considère aussi un programme d'ordinateur comme un modèle d'état épistémique.

Nous considérons aussi une autre notion fondamentale : celle d'« *input* ». Elle signifie l'ensemble des données d'entrée du système, qui engendrent le processus de changement de l'état épistémique. L'*input* est simplement une information nouvelle, un nouveau contenu de connaissance, une nouvelle croyance qui arrive et doit être intégrée à l'ensemble déjà structuré de contenus épistémiques d'un agent. Et c'est l'intégration de cet *input* qui déclenche la dynamique épistémique – et donc le changement de l'état de croyance de l'agent – au moyen d'un engagement épistémique qui se décline sous forme de règles ou critères de rationalité déterminant le mode effectif de ce changement d'état. Et, à ce propos, il importe aussi de considérer les différents types de changements qui peuvent être occasionnés ; nous les présenterons dans la suite. Mais avant, nous allons noter un point qui relève du niveau métathéorique.

Les critères de rationalité utilisés pour évaluer les éléments structurels du système de la dynamique épistémique sont dépendants, eux-mêmes, du type de modèle utilisé pour la représentation idéale des états épistémiques et de leurs changements. Dans la brève introduction que nous faisons ici de la dynamique épistémique, nous faisons usage du modèle le plus habituel de représentation qui est un modèle linguistique.

De fait, il est habituellement considéré que les connaissances et croyances constituant l'état cognitif d'un sujet sont exprimables au moyen de propositions. Les différentes attitudes épistémiques (croyances, connaissances, certitudes, incertitudes, doutes, etc) sont dirigées vers des contenus propositionnels. Ce qui fait que les agents croient en des propositions, connaissent des propositions, doutent de propositions, sont sûrs de propositions, etc. D'où la simplification du modèle de représentation des états épistémiques par des ensembles de propositions : chaque état épistémique est équivalent à l'ensemble des propositions qui sont crues ou acceptées par le système de croyance d'un agent cognitif. Ici, le critère de rationalité central est la **Consistance**. À noter aussi qu'à côté de la consistance, l'***Omniscience logique*** est souvent supposée, et cela en raison de la clôture déductive sous laquelle se trouvent les ensembles de propositions représentant les états épistémiques. Toutefois, cette idéalisation choisie, conduit naturellement à présenter les processus de changement d'états épistémiques en considérant aussi le langage ensembliste.

Trois types d'attitudes épistémiques sont à considérer : (1) une phrase peut être acceptée, (2) elle peut être rejetée, ou bien (3) elle peut être indéterminée. Parallèlement à cela, on relève trois principaux changements d'état épistémique: (a) l'Expansion, (b) la Révision, et (c) la Contraction. Selon le type et la teneur de l'input à intégrer, dépend le changement qui doit intervenir. Pour être plus précis, nous dirions que le lien fondamental entre l'input épistémique et les changements qui émergent réside dans le fait « *qu'il y a une règle fonctionnelle qui, pour un état de croyance donné et un input épistémique donné, détermine un nouvel état de croyance. Ce genre de règle est appelé une **fonction d'engagement épistémique**.*[22] » Tout ceci revient à dire que, en considérant les états épistémiques rationnels comme des sortes d'équilibres, on fait l'hypothèse qu'une typologie des changements de croyance est conditionnée par une typologie des inputs épistémiques.

---

[22] Gärdenfors (P), 2008, *Knowledge in Flux. Modeling the Dynamics of Epistemic States*, p 15, I/ "Model: Elements of Epistemological Theories".

On peut aussi souligner le fait induit suivant lequel un changement d'état épistémique entraîne naturellement un changement des attitudes épistémiques. Par exemple, une proposition qui n'était pas précédemment accepté, peut bien être ajoutée à l'ensemble des croyances de l'agent en étant considérée, soit comme le résultat d'une nouvelle connaissance tirée de l'expérience, ou comme une présupposition hypothétique dans un argument. D'autre part, une proposition précédemment acceptée peut tout à fait être délaissée ou abandonnée à une étape ultérieure. Ce genre d'input peut être vu comme le résultat d'une évidence contradictoire, ou le souhait d'analyser une proposition qui contredit ce qui était antérieurement accepté : Gärdenfors[23] nomme cet input une « ***Dérogation*** », tandis que le précédent type d'input est appelé une « ***Addition*** ».

A / Le cas de l'addition fait apparaître deux situations alternatives :

(1) si l'**input** est consistant avec les éléments primaires de l'état épistémique, on parle d'expansion. Ceci est un simple ajout d'un nouveau contenu à l'ensemble des croyances de départ. Et, dans le langage ensembliste, si on considère l'état épistémique de départ comme étant représenté par un ensemble de propositions **K**, l'addition d'un input A à cet état revient à pratiquer une simple union de la manière suivante : $K^+_A = K \cup \{A\}$.

(2) si l'input A est contradictoire avec au moins un élément de l'ensemble **K** représentatif de l'état épistémique de base – c'est-à-dire que A cause une inconsistance avec **K** – alors, on parle de la révision de **K** par A. Ici, le critère de rationalité demande que le changement qui va suivre de cette révision soit minimal autant que ce peut.

B / Le cas de la dérogation est en apparence simple, mais il est très complexe dans ses détails. Le changement épistémique induit sur l'état **K** par la dérogation d'une proposition A, est une contraction de **K** par

---

[23] *Idem*, p 14.

A. La complexité de détail apparaît ici lorsqu'il faille considérer le mode effectif de cette contraction. Car cette dernière pourrait se faire de plusieurs façons.

En effet, lorsqu'on supprime une croyance ou une connaissance d'un ensemble global, on peut être amené à enlever d'autres croyances ou connaissances qui entretiennent avec la principale concernée, des liens de dépendance logique. De sorte qu'il importe de bien réfléchir au mode de cette contraction. Dans la littérature il y a trois types de contractions : la *Full Meet Contraction* (Contraction par intersection totale), la *Maxi Choice Contraction* (Contraction par choix maximal) et la *Partial Meet Contraction* (Contraction par Intersection partielle). Chacune de ces trois manières de contracter un ensemble de contenus épistémiques répond à une posture idéologique que nous déclinerons dans la suite, lorsque nous en ferons la présentation formelle. Et, pour les besoins de cette dernière, nous allons entamer par le concept central qu'est « l'état épistémique ».

(§1.1)- États épistémiques : ensembles de croyances et de connaissances.

Nous avions précédemment fait le choix de représenter les états épistémiques par des ensembles propositionnels. Ceci est donc une idéalisation sur fond de modèle linguistique, où chaque phrase de l'ensemble de croyance est représentative d'un contenu appartenant à l'état épistémique relatif. On note alors cette idée comme suit :

Soit $\mathcal{K}$ un état épistémique, $s(\mathcal{K})$ est l'ensemble de croyance qui lui est associé. Et, soit A une phrase quelconque :

(1) si A est acceptée par l'état épistémique $\mathcal{K}$, alors $A \in s(\mathcal{K})$
(2) si A est rejetée par l'état épistémique $\mathcal{K}$, alors $\neg A \in s(\mathcal{K})$

(3) si A est indéterminée, c'est-à-dire ni acceptée, ni rejetée, alors A ∉ s($\mathcal{K}$) en même temps que ¬A ∉ s($\mathcal{K}$).

Le langage utilisé pour cette modélisation est celui basique L des fonctions de vérité, avec les principaux connecteurs logiques que sont : ¬ (non), ∧ (et), ∨ (ou), → (si… alors…) ; ce langage est hybridé avec celui ensembliste dont les opérateurs seront introduits au fur et à mesure que nous développerons certaines idées clés. ⊤ (*verrum*) et ⊥ (*falsum*) sont deux constantes propositionnelles qui indiquent respectivement la tautologie et la contradiction. ⊤ représente tous les schémas de type α∨¬α ; tandis que ⊥ représente les schémas d'inconsistance α ∧ ¬α.

Maintenant, on sait qu'en tant que représentant linguistique d'un état épistémique, l'ensemble de croyance est une partition du langage propositionnel basique ; ce qu'on note : s($\mathcal{K}$) ⊆ L. Par ailleurs, en raison du principe d'équilibre rationnel au sein des états épistémiques, leurs représentations linguistiques, les ensembles de croyance sont supposés être consistants ; c'est-à-dire que :

- Pour tout $\mathcal{K}$, s($\mathcal{K}$) ⊬ ⊥. Ce qui nous donne la définition suivante de l'ensemble de croyance.

<u>Définition 1</u> : Un ensemble $\mathcal{K}$[24] de croyances est non-absurde si, et seulement si (i) ⊥ n'est pas une de ses conséquences logiques, et (ii) si $\mathcal{K}$ ⊢ B, alors B ∈ $\mathcal{K}$.

---

[24] Pour les besoins de simplification de la notation, au lieu de différencier les états épistémiques d'avec leurs représentations linguistiques, nous allons simplement noter $\mathcal{K}$ pour indiquer l'ensemble de croyance.
Par ailleurs, nous utilisons la notation suivante « Cn » pour indiquer la fonction de « Conséquence Logique ». Une notation alternative mais complètement équivalente de la conséquence logique est dans sa présentation sous forme relationnelle ⊢, et on note que A ⊢ α ssi α ∈ Cn(*A*).

De plus, on suppose que si des éléments, pris individuellement, appartiennent à un unique ensemble de croyance, alors leurs différentes combinaisons mutuelles appartiennent aussi à ce même ensemble de croyance. C'est l'idée de clôture déductive qui est ici indiquée, et qui s'énonce synthétiquement comme suit :

- **Tout ce qui suit logiquement d'un ensemble de croyance est contenu dans ledit ensemble de croyance**.

Autrement dit, les ensembles de croyance sont clos sous la conséquence logique, dans le sens où ils contiennent la totalité de leurs propres conséquences respectives : $Cn(\mathcal{K}) \subseteq \mathcal{K}$; parallèlement, étant donné que toute chose suit de soi-même, tout ensemble de croyance est un sous-ensemble de ses propres conséquences : $\mathcal{K} \subseteq Cn(\mathcal{K})$; ce qui signifie que les ensembles de croyance sont identiques aux ensembles de leurs conséquences : $Cn(\mathcal{K}) \subseteq \mathcal{K}$ et $\mathcal{K} \subseteq Cn(\mathcal{K})$ impliquent que $\mathcal{K} = Cn(\mathcal{K})$. Et, les opérations de clôture sous la conséquence logique remplissent trois conditions remarquables que sont :

(1) L'Inclusion (à peine mentionnée ci-dessus) : $\mathcal{K} \subseteq Cn(\mathcal{K})$

(2) L'Idempotence : $Cn(A) = Cn(Cn(A))$; encore présentée sous la forme d'une transitivité cumulative telle que, pour deux ensembles A et B, on a : $A \subseteq B \subseteq Cn(A)$ implique $Cn(B) \subseteq Cn(A)$

(3) La Monotonie, qui énonce que si $A \subseteq B$ alors $Cn(A) \subseteq Cn(B)$.

C'est essentiellement cette propriété de monotonie – en relation avec les opérations de contraction et de révision – qui constituera le point central de nos développements dans l'essai de modélisation des formes d'argumentation défaisables propres aux traditions orales africaines. Et, après avoir présenté le langage de modélisation des états épistémiques et les propriétés remarquables de la conséquence logique sous laquelle sont clos les ensembles de croyance, nous allons présenter dans le détail de leur fonctionnement, les trois principales opérations de la dynamique épistémique.

(§1.2)- Les modes de la Dynamique épistémique : Expansion, Contraction et Révision.

Nous allons maintenant formuler de manière détaillée les critères de rationalité qui président à l'effectivité des différents modes de la dynamique épistémique.

(A)- Expansion.

Soit $\mathbf{K}$ un ensemble de croyance initial et A un contenu épistémique donné ; l'expansion de $\mathbf{K}$ par A est notée $\mathbf{K}^+_A$. Du point de vue formelle, il est supposé que + (l'expansion) est une fonction qui prend pour arguments des paires ensembles de croyance/phrases singulières, et obtient comme images, d'autres ensembles de croyance ; ce qu'on note :

$+ : \mathbf{K} \times \mathbf{L} \mapsto \mathbf{K'}$.

Ceci est exprimé par le premier postulat sur les opérations d'expansion, qui fixe que l'expansion d'un ensemble de croyance $\mathbf{K}$ par une phrase A, est encore un ensemble de croyance ; ce nous notons formellement comme suit :

- $(\mathbf{K}^+1)$: $\mathbf{K}^+_A$ est un ensemble de croyance ; c'est-à-dire que $\mathbf{K}^+_A = \mathbf{K} \cup \{A\}$.

Par ailleurs, du fait que nous pouvons identifier l'*input* épistémique avec le changement que ce dernier induit, il s'ensuit que dans le cadre de l'expansion, cet input doit être supposé comme étant accepté par l'ensemble résultant de ladite expansion. Ce nous notons formellement comme suit :

- $(\mathbf{K}^+2)$: $A \in \mathbf{K}^+_A$.

Le troisième postulat appelle une minime discussion. On le nomme « ***Principe d'économie informationnelle*** », en ce qu'il stipule que, lors des changements d'état épistémiques un maximum d'anciennes croyances doit être conservé ; c'est-à-dire que le changement qu'apporte l'input épistémique doit être fait en essayant de conserver le maximum possible d'anciens contenus de l'état de croyance précédent, car la perte d'anciennes informations ne peut être gratuite. Les pertes non nécessaires doivent par conséquent être évitées. Ce postulat est de fait un principe heuristique qui se justifie dans le développement qui suit. Lorsqu'on pratique une expansion, deux situations sont alternativement envisageables :

(1) si A est acceptée par **K**, alors $\neg A$ n'y est pas acceptée. Ce qui signifie que A ne cause d'inconsistance avec aucune composante de **K** ; on retient alors toutes les anciennes informations contenues dans **K** avant expansion de **K** par A. D'où la première justification du principe d'économie informationnelle qu'on note en disant que si $\neg A \notin \mathbf{K}$, alors $\mathbf{K} \subseteq \mathbf{K}^{+}_{A}$.

(1) la deuxième possibilité c'est lorsque $\neg A$ est déjà contenue dans **K** ($\neg A \in \mathbf{K}$) avant l'expansion de ce dernier par A. Dans ce cas, l'adjonction de A cause une inconsistance ; c'est-à-dire que $\mathbf{K}^{+}_{A} = \mathbf{K}_{\perp}$. Mais, étant donné que l'ensemble absurde est un super ensemble de tous les ensembles, on déduit que $\mathbf{K} \subseteq \mathbf{K}_{\perp} \subseteq \mathbf{K}^{+}_{A}$. Ceci nous permet donc de généraliser notre postulat en notant :

- ($\mathbf{K}^{+}3$) : $\mathbf{K} \subseteq \mathbf{K}^{+}_{A}$ (quels que soient **K** et A)

Le quatrième postulat concerne un cas de trivialité où l'input à intégrer dans l'ensemble de croyance primaire y est déjà contenu. Dans ce cas, il y a comme une itération triviale d'un élément à l'intérieur d'un ensemble ; ce qui veut dire qu'il ne se passe aucune dynamique réelle avec ce genre d'input. On note l'axiome y relatif comme suit :

- (K^+4) : si A ∈ **K**, alors K^+_A = **K**.

Le cinquième postulat établit le principe de ***monotonicité***. On suppose ici que nous avons deux ensembles de croyance dont l'un est inclus dans l'autre : **K** ⊆ **H**, c'est-à-dire que **H** contient toutes les croyances contenues dans **K** et peut-être plus. Si l'on pratique une expansion de ces deux ensembles par le même input A, à l'arrivée on doit obtenir la même relation d'inclusion entre les ensembles étendus. En d'autres termes, on peut dire que l'expansion uniforme conserve le sens de l'inclusion. Ce qui nous fait noter le postulat 5 comme suit :

- (K^+5) : si **K** ⊆ **H**, alors K^+_A ⊆ H^+_A.

De ces postulats relatifs aux opérations d'expansion sur les ensembles de croyance, nous pouvons tirer un nombre important de relations structurelles remarquables. Cependant, dans la mesure où ces dernières n'entrent pas directement dans les besoins théoriques qui sont les nôtres dans les développements subséquents aux buts que nous poursuivons ici, nous n'en faisons pas d'exposé.

(B)- Contraction.

La contraction est une opération qui consiste à enlever, à partir d'un état épistémique, un contenu de croyance ou de connaissance, sans qu'il y ait par ailleurs ajout d'un quelconque autre contenu. Mais cette opération occasionne quelques complications méthodologiques sérieuses qui ne sont levées que suivant les partis-pris idéologiques qu'on choisit d'assumer.

Le principal problème avec la contraction d'ensembles de croyance est que, lorsqu'on rétracte une croyance A (une connaissance, respectivement), on peut être amené à supprimer certaines autres croyances/connaissances qui l'impliquent, et aussi celles autres qui sont impliquées par A elle-même. De fait, pour rester en phase avec le critère de conséquence logique – c'est-à-dire pour conserver la clôture déductive quant aux ensembles contractés – on est bien obligé d'enlever toutes les autres croyances qui ont des liens génétiques avec la principale croyance concernée par la contraction.

Supposons, par exemple, que A, B et C sont des contenus épistémiques appartenant à l'état épistémique **K** ; appelons **Γ** l'ensemble de croyance représentatif de l'état épistémique **K**. supposons aussi que A et B mis ensemble impliquent φ et que, par ailleurs, γ implique C. Maintenant, si l'on veut contracter **Γ** par φ (se note : **Γ** ÷ φ), on doit en même temps supprimer C ; mais pour les croyances A et B qui impliquent φ, il faut faire un choix méthodologique : soit supprimer l'un des deux A ou B, ou bien supprimer carrément les deux, A et B. Le principe d'économie informationnelle suppose aussi que la contraction doit être minimale, c'est-à-dire enlever le moins d'informations possible. Ce principe a différentes appellations dans la littérature spécialisée : ***conservatisme, principe de conservativité, principe de mutilation minimale, principe de changement minimal***.

Relativement à ce minimalisme mutilatoire, on convient de garder, après exécution de la contraction, un sous ensemble le plus large possible de l'ensemble original, sous-ensemble restant qui ne devra plus contenir l'information rétractée, ni l'une de celles qui lui sont liées. Et, en général, il peut souvent arriver qu'il y ait plusieurs sous-ensembles de ce type. Nous allons les appeler des sous-ensembles maximaux, ou « *Reminder sets* », et nous les définissons formellement comme suit :

<u>Définition 2</u> : « *Reminder set* » : (Alchourrón et Makinson).

Soit A un ensemble de propositions et α une proposition singulière. L'ensemble résiduel (Reminder set) $A \perp \alpha$ (A moins α) est l'ensemble tel que $B \in (A \perp \alpha)$ si et seulement si :

1- $B \subseteq A$

2- $\alpha \notin Cn(B)$ (c.-à-d. $B \nvdash \alpha$)

3- *Il n'y a pas d'ensemble B' tel que* $B \subset B' \subseteq A$ *et que* $\alpha \notin$ Cn(B').

La première chose qu'on constate c'est que l'application rigoureuse du conservatisme entraîne le fait qu'un ensemble contracté soit toujours un élément du *Reminder set*[25]. Ce qu'on note :

- $(\mathbf{K} \div \alpha) \in (\mathbf{K} \perp \alpha)$

Lorsqu'une opération de contraction s'effectue en respectant ces conditions, on parle alors de contraction par choix maximal (*maxichoice contraction*). Et, étant donné que le *Reminder set* peut avoir différents sous-ensembles comme éléments, il importe alors de choisir l'un de ceux-ci comme résultat de la contraction. Techniquement parlant, on utilise des fonctions de sélection (notons-les γ) qui partitionnent notre ensemble résiduel et choisissent un des sous-ensembles maximaux. On note cette procédure comme suit :

- $\mathbf{K} \div \alpha = \gamma(\mathbf{K} \perp \alpha)$

Le strict respect du conservatisme informationnel atteint vite ses limites dès lors qu'il laisse l'agent épistémique opérer sa contraction de croyance sans précaution. Pour mieux saisir ce point nous allons reprendre l'illustration tirée de Hansson[26] qui se présente comme suit :

➢ Supposons que, d'une part je crois que John possède un chat (α), et d'autre part je crois aussi qu'il possède un chien (β). Puis un jour, j'entends John dire : « *je n'oserais jamais garder un chien et un chat à la fois* ». Ceci me conduira naturellement à reconsidérer mon ensemble de croyance, en le contractant de la proposition complexe α ∧ β. Cependant la question reste de savoir comment procéder : dois-je considérer qu'il possède

---

[25] En fait, le « **Reminder set** » (ensemble résiduel) est l'ensemble des tous les sous-ensembles maximaux restant après la suppression d'un contenu donné.
[26] Hansson (Sven Ove), 1999 ; *A Textbook of Belief Dynamics. Theory Change and Database Updating*, Kluwer Academic Publishers, Dordrecht/Boston/London.

uniquement un chien et éliminer la croyance relative à la possession du chat ? ou inversement ? ou bien faut-il, en l'absence de toute autre indication pertinente, s'aviser de tout simplement supprimer les deux éventualités ?

Dans le cas d'un agent qui procède méthodologiquement par choix maximal, il sera obligé d'opter pour la dernière possibilité, à savoir tout supprimer en l'absence de plus d'indication. Et la généralisation de ce mécanisme procédural est formellement posée en considérant qu'en cas d'incapacité à choisir entre différents éléments du Reminder set $\mathbf{K} \perp \alpha$, seules les croyances communes à toutes les composantes de cet ensemble résiduel doivent être conservées après contraction : on parle alors de ***Full Meet Contraction*** (Contraction Totale). Autrement dit, la *Full meet contraction* doit être l'intersection de tous les éléments du reminder set ; voici comment se présentent les choses formellement :

- $\mathbf{K} \div \alpha = \cap (\mathbf{K} \perp \alpha)$

Cependant, cette solution en termes de procédure méthodologique est vite apparue comme trop drastique car forçant les agents épistémiques à être précautionneux même quand cela n'est pas nécessaire. Il y a évidemment des situations pratiques où l'on pourrait avoir plus de raison à retenir une croyance plutôt qu'une autre. Par exemple j'ai toujours cru que Dieu existe et que le Diable existe aussi. Puis j'apprends, au cours de mes études supérieures en Philosophie, que certaines de nos croyances ne sont que des mythes séculaires. En considérant les détails de mes croyances et les diverses conséquences qu'elles peuvent avoir sur le plan de mon propre développement spirituel, je ferais naturellement le choix d'éliminer la croyance en l'existence du Diable et conserverais celle relative en l'existence de Dieu ; je n'aurais donc pas à pratiquer une contraction totale, puisque mon input signale seulement le manque de fondement réel pour une partie de mes croyances et non pas toutes à la fois.

Pour réduire l'inconfort méthodologique causé par la *Full meet contraction*, les chercheurs ont fait le choix du milieu, en construisant une procédure de contraction intermédiaire entre le choix maximal et la contraction totale. Cette voie médiane devra aussi user de fonction de sélection – comme dans le cas de la contraction par maxi-choix – mais en s'autorisant de sélectionner plus d'une composante du *Reminder set*. Le résultat de la contraction devra alors être l'intersection des éléments sélectionnés du *Reminder set* : c'est la *Partial Meet Contraction* (Contraction Partielle). Cette application est l'innovation majeure qu'apporta l'article **AGM** de 1985 (Alchurrón, Gärdenfors et Makinson), dont voici la définition formelle :

<u>Définition 3. 1.</u> *Partial Meet Contraction* [AGM] : *Soit A un ensemble de phrases. Une fonction de sélection pour A est une fonction γ telle que pour toutes les phrases α :*

1) *Si $A \perp \alpha$ est non-vide, alors $\gamma(A \perp \alpha)$ est un sous-ensemble non vide de $A \perp \alpha$, et*

2) *Si $A \perp \alpha$ est vide, alors $\gamma(A \perp \alpha) = \{A\}$.*

<u>Définition 3. 2.</u> *Partial Meet Contraction* [AGM] : *Soit A un ensemble de phrases et γ une fonction de sélection pour A. La* **Contraction Partielle** *sur A qui est générée par γ est l'opération ~γ telle que pour toutes phrases α :*

- $A \sim \gamma \ \alpha = \cap \gamma(A \perp \alpha)$.

En somme, une opération de contraction ÷ sur un ensemble donné **K**, est une contraction partielle à la condition nécessaire et suffisante qu'il y ait une fonction de sélection γ telle que pour une phrase quelconque φ, on a : **K** ÷φ = **K** ~γ φ.

Notons que ces deux définitions complémentaires l'une de l'autre ne requièrent pas nécessairement que les ensembles de croyance qui subissent la contraction soient clos sous la déduction stricte. Mais, puisque pour l'instant nous présentons d'abord la dynamique épistémique appliquée à des ensembles de croyance clos sous la conséquence logique classique, nous considérons que nos états épistémiques sont déductivement clos (par hypothèse). Et nous montrons donc l'axiomatique générale régissant les opérations de contraction.

- (K⁻ 1) Pour toute phrase A et pour tout ensemble épistémique **K**, **K** ÷A est aussi un ensemble épistémique

Dans la mesure où la contraction consiste en la rétractation d'un contenu épistémique à partir d'un ensemble épistémique, il convient de voir que le résultat d'une telle opération est un ensemble épistémique disposant de moins de contenu épistémique que l'ensemble original. D'où le 2è postulat suivant :

- (K⁻ 2) **K** ÷A ⊆ **K**.

Au cas où A ne ferait pas partie de **K**, alors la contraction de **K** par A serait sans effet aucun sur la composition de **K** ; c'est-à-dire que rien ne se passerait dans **K**. Ceci est aussi la résultante du principe d'économie informationnelle, dans une moindre mesure. D'où le postulat 3 qui fixe que :

- (K⁻ 3) si A ∉ **K**, alors **K** ÷A =.**K**.

Par ailleurs, il y a un postulat de réussite qui stipule que la contraction doit opérer avec *succès*, dans le sens où, la phrase à rétracter ne devrait pas être une conséquence logique de l'ensemble contracté ; autrement dit, le contenu épistémique rétracté ne devrait plus être déductible de l'ensemble résultant de l'opération de contraction, à moins que cette phrase ne soit logiquement valide. Ce qui nous donne le postulat suivant :

- (K⁻ 4) Si ⊬A, alors A ∉ **K** ÷A.

Un détail technique important demande à être éclairci ici. De fait, à supposer que A soit une phrase logiquement valide, c'est-à-dire une tautologie, la contraction de **K** par A reviendrait à violer la conséquence logique (*Cn*) car, évidemment, les tautologies sont dérivables de n'importe quel ensemble, y compris l'ensemble vide de prémisses. Dans la littérature spécialisée en ce domaine théorique, il est souvent accepté que la simplicité impose de considérer la contraction par une tautologie comme impossible et donc l'ensemble d'origine ne changerait pas. Ce détail méthodologique éclaire déjà, certes de façon brève, le point sur le comportement contre-intuitif de la conséquence logique. Point que nous discuterons par la suite.

Le reste de l'axiomatique sur la contraction se décline comme suit :
- (K^- 5) : si A ∈ **K**, alors **K** ⊆ (**K** ÷A)^+_A.
- (K^- 6) : si ⊢ A ↔ B alors, **K** ÷A = **K** ÷B.
- (K^- 7) : **K** ÷A ∩ **K** ÷B ⊆ **K** ÷ (A ∧ B)
- (K^- 8) : si A ∉ **K** ÷ (A ∧ B), alors **K** ÷ (A ∧ B) ⊆ **K** ÷A.

Chacune de ces propositions se trouve justifiée par l'association de diverses présuppositions méthodologiques. Cependant, nous préférons ne pas les développer ici dès lors qu'ils n'ont pas d'impact direct sur les topiques de nos investigations présentes. Ainsi donc, les diverses conséquences théoriques déduites de chacun des axiomes présents ci-dessus, et les conséquences induites par les relations structurales entre eux, sont passées sous silence ici. Ceci étant dit, nous allons maintenant présenter l'axiomatique relative à l'autre type majeur de la dynamique épistémique _ d'un intérêt capital pour nos travaux _ qui est la *révision*.

(C) Révision :

La révision se produit lorsqu'un input épistémique A, relativement à l'état épistémique **K**, contredit certains contenus épistémiques de **K**. il est donc nécessaire de réviser **K** pour pouvoir maintenir la consistance en son sein, c'est-à-dire maintenir l'équilibre rationnel de l'état épistémique général après intégration de cet input. Ce mode de changement de croyance est de type Non-monotonique, dans le sens où un nouveau contenu épistémique est ajouté à un ensemble de croyance sans pour autant que toutes les anciennes croyances de **K** ne soient conservées dans l'ensemble révisé **K**$^*_A$. Et, plus profondément, la non-monotonie induite par les opérations de révision s'entend structurellement de la manière suivante : bien que **K** $\subseteq$ **H**, il se peut que **K**$^*_A$ $\nsubseteq$ **H**$^*_A$, ce qui fait dire que la révision n'est pas uniformément croissante. Nous verrons d'ailleurs, dans la suite de cette section, en quoi cette propriété de non-monotonie nous intéresse très particulièrement dans l'essai de modélisation des formes d'argumentation usant de proverbes telle que nous la menons dans ce travail. Mais, comme le relève Gärdenfors[27], l'une des difficultés majeures de la révision sur les états épistémiques réside dans le fait que, d'un point de vue logique, plusieurs des anciennes croyances de l'état épistémique original doivent être rétractées et des façons concurrentes de le faire sont possibles.

Il faut donc, et d'abord, considérer le principe de changement minimal (comme dans les autres types de la dynamique épistémique) qui impose que la suppression d'anciennes croyances contenues dans **K** soit faite au minimum possible pour accommoder l'input A à l'état **K**. Les critères de rationalité (ensemble des postulats sur la révision) qui vont être posés intègreront naturellement ce principe de minimalité de changement.

Mais avant de passer à la présentation formelle, nous voulons attirer l'attention ici sur le fait que, dans la réalité de tous les jours, les agents cognitifs révisent régulièrement leurs états épistémiques plus qu'ils ne pratiquent de simples expansions[28]. Nous révisons régulièrement nos croyances par le simple fait que nous en recevons souvent de diverses sources non fondées ; par exemple, nous croyons en certaines propositions parce qu'elles nous sont dictées par une autorité morale,

---

[27] Gärdenfors (Peter), 2008 ; *Knowledge in Flux*, Chap. 3: "Expansions, Revisions, Contractions", p52-53.
[28] C'est qu'en fait, l'expansion n'est qu'un cas spécial de révision, notamment lorsque l'input n'entraîne aucun déséquilibre de rationalité dans l'état épistémique primaire ; c'est-à-dire lorsque l'input ne cause aucune inconsistance avec les contenus déjà présents dans l'ensemble de croyance original.

une autorité scientifique, par la voie aussi de fautes d'inférence, etc. La révision s'impose alors, lorsque nous apprenons de nouvelles informations appelant à la correction de certaines de nos anciennes croyances. Ceci montre donc que la modélisation de la révision rationnelle des états épistémiques apparaît comme fondamentale dans l'étude et la compréhension du raisonnement humain. D'où le rapport immédiat aux formes d'argumentation propres aux cultures de l'oralité négro-africaine que nous tentons de reformuler abstraitement dans cette étude. Car, il nous faut toujours garder en arrière plan que le modèle d'argumentation en reconstruction ici n'est pas un type purement formel, régi par une conséquence logique classique et dont les déductions seraient sur un mode purement mathématique ! Bien au contraire, l'argumentation qui nous intéresse ici relève d'un ensemble d'inférences faites par des agents cognitifs humains, dont les modes de fonctionnement ne sont pas de type pleinement déductif au sens de la conséquence logique classique, mais simplement inférentiels. Ceci étant rappelé, présentons maintenant l'axiomatique de l'opération de révision épistémique.

Le premier postulat pose que pour toute proposition A et tout ensemble de croyance K,

- (K* 1) $\mathbf{K}^*_A$ est aussi un ensemble de croyance.

Le second axiome, qui est un postulat de « *succès* » (en relation avec $\mathbf{K}^+2$), garantit que l'input A est une formule acceptée par l'état épistémique K ; on note :

- (K* 2) $A \in \mathbf{K}^*_A$.

Nous avions dit précédemment que le champ d'application naturel de l'opération de révision consistait en la situation où l'input causait une inconsistance avec le contenu de l'ensemble de croyance original ; c'est-à-dire lorsque $\neg A \in \mathbf{K}$. Mais nous avons aussi signalé la possibilité de révisions avec un input qui ne causait aucune inconsistance dans $\mathbf{K}$ – c'est-à-dire que $\neg A \notin \mathbf{K}$ – auquel cas la révision revenait au même qu'une simple expansion – Ce qui nous amène à concevoir une fonction de révision qui prenne en compte tous types d'arguments. Autrement dit il nous faut une définition uniforme de la fonction de révision, quel que ce soit l'argument considéré auquel cette fonction s'applique. Ainsi, du point de vue technique on choisit souvent de présenter les deux éventualités d'arguments dans deux axiomes différents :

- (K*3) $K^*_A \subseteq K^+_A$ et

- (K*4) Si $\neg A \notin K$, alors $K^*_A \subseteq K^+_A$

L'axiome 3 exprime la première condition, celle où l'input A cause une inconsistance avec K ; et cette clause est trivialement vraie puisque dans ce cas K^+_A est identique à l'ensemble absurde $K_\bot$. Quant à l'axiome 4, il exprime simplement la seconde clause, celle concernant le cas de consistance de A avec K ; ce qui revient au même qu'une expansion ordinaire.

Maintenant, dans le même souci de vouloir maintenir la consistance au niveau des états épistémiques autant que faire se peut, il est supposé que K^*_A est un ensemble consistant, à moins que $\neg A$ ne soit une tautologie, auquel cas le postulat sur la conséquence logique (Cn) forcera une inconsistance. On note ce postulat comme suit :

- (K*5) $K^*_A = K_\bot$ si et seulement si $\vdash \neg A$.

C'est-à-dire que si l'on révise par A, et que cela revienne à introduire de l'inconsistance $K_\bot$, alors $\neg A$ est tautologique. De même, si $\neg A$ est une tautologie, c'est que sa duale A est une contradiction ; et donc réviser un ensemble quel qu'il soit par une contradiction revient à fabriquer un ensemble absurde $K_\bot$.

De l'ensemble des postulats sur la révision déjà vus jusqu'ici, en association avec les postulats sur l'expansion, nous déduisons que si A $\in K$, alors $K^*_A = K$. C'est-à-dire que le changement induit par la révision à partir d'un élément contenu déjà dans l'ensemble épistémique ne change rien à ce dernier. En plus, à partir de cette déduction à peine faite et de l'axiome K*3, nous tirons que $\mathbf{K^*_A} = (\mathbf{K} \cap \mathbf{K^*_A})^+_A$ [29].

Enfin, nous allons noter le sixième postulat sur la révision qui traite de l'équivalence d'ensemble révisés. Ici, en considérant que ce sont les contenus propositionnels qui forment réellement les ensembles d'états épistémiques (peu importe la présentation qu'on puisse en donner : phrases ou mondes possibles), et que ce sont les inputs qui déterminent le type de la dynamique épistémique à effectuer, on établit le postulat d'équivalence comme suit :

- (K*6) Si $\vdash A \leftrightarrow B$, alors $\mathbf{K^*_A} = \mathbf{K^*_B}$.

Ce postulat indique en fait que des inputs _ en tant que contenus propositionnels _ logiquement équivalents entraînent forcément des dynamiques épistémiques équivalentes. Cependant, à côté de ce postulat, des considérations restrictives sont à mentionner.

D'abord, même au cas où nous aurions $\mathbf{K^*_A} = \mathbf{K^*_B}$, nous pourrions tout à fait ne pas conclure que A est logiquement équivalent à B. Il suit, d'autre part, que au cas où cette équivalence matérielle $A \leftrightarrow B$ serait effective, elle serait encore incluse dans $\mathbf{K^*_A}$ (et même dans $\mathbf{K}$ directement).

Les six postulats ici énoncés K*1 à K*6 constituent les conditions basiques d'effectuation de la révision sur les états de croyance. D'autres postulats d'un niveau de complexité plus élevé ne sont pas traités ici du simple fait qu'ils ne touchent pas directement nos intérêts théoriques présents. Cependant, nous ferons exception de l'un d'entre ces postulats supplémentaires, étant donné l'importance de ce dernier

---

[29] Nous faisons ici une simplification du résultat, car la construction de ce point fait appel à un résultat annexe sur les expansions, qui stipule que l'expansion d'une intersection est égale à l'intersection des expansions uniforme (i.e. des ensembles uniformément élargis par un même input). Ce point se présente formellement comme suit : $(K \cap H)^+_A = K^+_A \cap H^+_A$. [proposition **3.9** de Gärdenfors 2008]

dans la modélisation des changements épistémiques itérés. Ce postulat est une forme générale de K*3 et K*4.

L'idée est la suivante: si un ensemble **K** est révisé par une proposition A (ce qui donne $\mathbf{K^*}_A$), puis cet ensemble révisé doit subir une expansion par une autre proposition B, cela se passera de sorte à ce que **K** inclut à la fois A et B, aussi longtemps que B ne causera aucune inconsistance avec le contenu de A. Nous allons donc considérer ce cas – qui se note $(\mathbf{K^*}_A)^+_B$ – ici encore sous deux formes :

- (K*7) $\mathbf{K^*}_{A\&B} \subseteq (\mathbf{K^*}_A)^+_B$

- (K*8) Si $\neg B \notin \mathbf{K^*}_A$, alors $(\mathbf{K^*}_A)^+_B \subseteq \mathbf{K^*}_{A\&B}$.

Voici comment saisir la subtilité de ces deux axiomes :

Lorsque $\neg B \in \mathbf{K^*}_A$, cela entraîne que $(\mathbf{K^*}_A)^+_B$ soit égal à $\mathbf{K}_\perp$ (puisque dans ce cas on pratiquerait une expansion de $\mathbf{K^*}_A = \mathbf{K}'$ par B, or $\neg B \in \mathbf{K}'$; ceci donne la déduction suivante : $(\mathbf{K}')^+_B = (\mathbf{K^*}_A)^+_B = \mathbf{K}_\perp$). Cette condition est nécessaire dans le postulat K*8 tandis qu'il n'importe pas dans K*7. Par ailleurs, K*7 est d'importance pour les besoins de modélisation de notre structure abstraite à venir, car nous aurons à construire des contre-arguments en introduisant une extra-prémisse suivie d'un contre-proverbe. Nous le verrons précisément au moment du développement dialogique de notre modèle.

L'essentiel de l'axiomatique de la dynamique épistémique étant posé – plus précisément le fragment d'axiomatique qui nous intéresse pour les besoins de notre travail – il nous faut maintenant en montrer le lien naturel avec la forme d'argumentation défaisable où il est fait un usage systématique des sentences proverbiales, et qui nous occupe ici.

Premièrement, il faut rappeler que contrairement aux opérations d'expansion qui font croître les ensembles auxquels elles s'appliquent, les opérations de révision donnent une évolution oscillante des ensembles auxquels elles s'appliquent. Ce qui montre bien le caractère non-monotonique de la dynamique épistémique induite par la révision. Or, le processus d'argumentation est l'effectivité d'une mise en relation entre des ensembles de prémisses et des conclusions particulières. C'est un processus de dérivation qui, lorsqu'il est exécuté dans le cadre de la conséquence logique classique apparaît comme un processus monotonique. Ce qui n'est pas le cas des dérivations faites à partir d'ensembles de prémisses révisés. Et c'est le lien fondamental entre l'axiomatique de la dynamique épistémique et les formes de l'argumentation défaisable en général, et que nous allons appliquer aux arguments usant de proverbes.

Nous n'allons pas entrer dans les débats de spécialistes où, suivant les considérations idéologiques, les tenants de l'orthodoxie analytique refusent de reconnaître au **système de la dynamique épistémique** le statut de système de logique, se limitant à lui reconnaître le statut de système de modélisation des inférences. D'ailleurs, à propos de la conséquence logique classique, nous voulons brièvement discuter de quelques-uns de ses effets incommodants, en relation avec les ensembles de contenus épistémiques. Ces manifestations incommodantes sont en partie la cause du choix de langages logiques que nous avons fait pour la modélisation de notre système d'argumentation défaisable avec usage de proverbes.

Pour notre part, la forme culturelle orale de l'argumentation, même si elle est qualifiée de simple système d'inférence, reste quand même un modèle logique dans la mesure où la condition de normativité est remplie par ce système.

(§1.3)- Quelques propriétés contre-intuitives de la conséquence logique classique.

En dépit de la simplicité qu'elle donne dans la représentation des états épistémiques sous forme d'ensembles de propositions, cette représentation ensembliste donne à voir quelques caractères bizarres de la clôture sous la conséquence logique classique. Ces propriétés contre-intuitives se ressentent tant d'un point de vue idéologique, méthodologique que computationnel.

D'abord, un ensemble propositionnel – représentant un état épistémique – possède une infinité de conséquences. Même si l'on considère un ensemble singleton de croyance $\{\alpha\}$, nous pouvons toujours dériver une infinité de conséquences de type $\alpha \vee \varphi$, quelle que soit φ. Or, d'un point de vue idéologique, il paraît irréaliste d'imaginer un agent cognitif ayant une infinité de croyances impliquées par une seule de ses croyances ; conséquences dont il n'aurait même pas idée ! D'ailleurs, suivant cette même clôture déductive de la conséquence classique, on peut dériver vérifonctionnellement $\alpha \vee \neg\varphi$ et $\alpha \vee \varphi$ simultanément à partir de $\{\alpha\}$. Non seulement, le deuxième disjoint est sans pertinence, mais en plus il n'est même pas présent à l'esprit de l'agent cognitif avant cette dérivation triviale.

En somme, la conséquence logique classique – qui clôt les ensembles de croyance – implique techniquement que les agents cognitifs ont forcément une infinité de croyances (si le langage utilisé par ces agents est assez riche). Ce qui est loin d'être une position réaliste, car il ne semble pas que, de manière effective, les changements de croyance s'exécutent sur des entités aussi étendues que le sont des ensembles infinis de propositions, qui plus est, sont truffés d'une myriade de phrases sans aucune pertinence pour l'agent épistémique. En somme, l'on ne peut tout simplement pas concevoir un agent épistémique ayant des croyances dont il ne serait pas conscient.

La seconde bizarrerie de la clôture sous la conséquence logique classique tient dans le fait que, les propositions logiquement nécessaires – c'est-à-dire les tautologies – sont dérivables de tout ensemble quel qu'il soit. Autrement dit, les tautologies sont des conséquences logiques immédiates de tout ensemble propositionnel. C'est d'ailleurs ce qu'exprime formellement l'axiome de *succès* (ou de d'*échec*, selon la formulation qu'on emprunte) de la contraction ; le postulat K⁻4 sur la contraction stipule que : si $\alpha \in Cn(\emptyset)$, alors $\mathbf{K} \div \alpha = \mathbf{K}$. c'est-à-dire que si α est une tautologie on ne peut la supprimer de l'ensemble **K** (version *échec*). Exprimé autrement, ce postulat pose que si $\alpha \notin Cn(\varnothing)$, alors $\alpha \notin K \div \alpha$; c'est-à-dire qu'une contraction ne réussit que si le contenu épistémique à supprimer n'est pas une tautologie (version de *succès*).

Tout ceci revient, en fin de compte, à dire que les agents épistémiques ont tous dans leurs divers états cognitifs, la totalité des formes valides de la logique et des mathématiques. Ce qui de toute évidence n'est pas réaliste. Il n'est, en effet, pas juste de considérer qu'à cause des conséquences techniques qu'induit la clôture déductive, tous les agents épistémiques ont dans leurs ensembles de croyance respectifs la totalité des tautologies.

Dans un autre registre, le principe d'équilibre rationnel des états épistémiques – formulé à travers le *postulat de consistance* pour les ensembles de croyance – stipule que les ensembles de croyances ne doivent pas être absurdes. Ce réquisit pose quelques difficultés d'ordre idéologique, dès lors que de manière pratique les agents épistémiques intègrent généralement des contenus épistémiques ayant des portées opposées, tout en restant des agents rationnels. Et, à ce propos, Hansson souligne ce point en disant que :

> "That, one might say, is not at all unrealistic. Probably most of us have contradictory beliefs, but we are nevertheless able to get along well and (at least some times) behave quite rationally. There would nothing seriously wrong, either, with a computer accepting two contradictory sentences, if this does not lead to the propagation of inconsistencies to other parts of database. This is all true, but it cannot be applied if we use belief sets as models of belief states"[30]

Mais, le fondement du réquisit de consistance tient à l'idée selon laquelle un agent épistémique ne peut pas croire à tout et à n'importe quoi. Car, si un état épistémique K, représenté par un ensemble de croyance **K**, contient α et $\neg\alpha$ en son sein, cela reviendrait à dériver (α & $\neg\alpha$) qui est la même chose que $\bot$, et donc l'état épistémique est le

---

[30] Hansson (Sven Ove), 1999; p 15-16.

même que l'ensemble absurde $K_\perp$ à partir duquel suivent toutes les propositions constructibles du langage [**rappelons que l'ensemble absurde est un super ensemble de tout ensemble, quel qu'il soit**]. Et la conséquence ultime d'un ensemble inconsistant c'est qu'il entraîne techniquement l'agent épistémique dans une indistinction totale de ses propres contenus épistémiques, puisque ce dernier est alors en situation de croire en toute proposition, quelle qu'elle soit.

Cependant, en dépit de cette posture idéologique sous-tendue par une application technique, il reste quand même effectif que les structures telles que les systèmes experts et les complexes en Intelligence Artificielle intègrent souvent des contenus provenant de diverses sources d'information, et réussissent quand même à fonctionner correctement. Il s'agit simplement pour un système tel qu'un ordinateur, de posséder une partition de ses disques, de sorte que des contenus contradictoires soient stockés dans des secteurs différents ; la machine exécute ainsi plusieurs tâches en différentes applications successives et même simultanément. C'est, par analogie, ce qui se passe au niveau de la structure intellectuelle de l'esprit humain : il y a différentes zones de stockage de l'information et une multitude de fonctionnalités situées en divers endroits de la structure, de sorte que, suivant la forme et le sens du contenu d'information qui arrive (*input*) dépend la zone de stockage où ce dernier sera dirigé. De plus, suivant la forme de ce contenu épistémique dépendra aussi la fonction intellectuelle qui en assurera le traitement rationnel et procédural.

Lorsque les agents cognitifs humains reçoivent des contenus épistémiques de teneurs opposées, cela peut bien n'être qu'une contradiction d'un point de vue épiphénoménal ; c'est-à-dire que les propositions α et $\neg\alpha$ ne sont prises pour des éléments inconsistants de l'état épistémique **K** qui les intègre que si l'on considère cet état épistémique d'un point de vue global. Mais si nous faisions l'hypothèse d'une partition de la structure intellectuelle humaine en diverses régions, de sorte à imaginer la possibilité d'une discrimination pratique des contenus épistémiques (stockés en différentes régions de l'intellect bien délimitées), l'on arriverait sans grande difficulté à concevoir qu'un agent épistémique intègre naturellement des inputs inconsistants tout en réagissant de manière rationnelle. Tout ceci pour montrer l'incommodité relative de la représentation ensembliste des états épistémiques, en relation avec la clôture déductive qu'applique la conséquence logique classique.

Maintenant, nous allons brièvement indiquer quelques limites techniques de la clôture déductive propre à la conséquence logique relativement à l'opération de révision épistémique.

(1) considérons deux ensembles de croyance $K_1 = \{p, q\}$ et $K_2 = \{p, p \leftrightarrow q\}$. De K_1 on peut dériver $p \leftrightarrow q$, et donc $(p \leftrightarrow q) \in K_1$. Ceci fait que K_1 et K_2 sont le même puisqu'ils contiennent les mêmes conséquences. Maintenant, si l'on applique une opération de révision simultanément sur ces deux ensembles de croyance identiques, on obtient des résultats non attendus comme nous pouvons le voir ici :

$(K_1)^* \neg p = \{p, q\}^* \neg p = (\{p, q\} \div p)^+_{\neg p}$ ce qui revient à ceci : $(K_1)^* \neg p = \{\neg p, q\}$ (appelons cet ensemble K_1')

$(K_2)^* \neg p = \{p, (p \leftrightarrow q)\}^* \neg p = [\{p, (p \leftrightarrow q)\} \div p]^+_{\neg p}$ ce qui nous donne : $(K_2)^* \neg p = \{\neg p, p \leftrightarrow q\}$ (appelons ceci K_2').

De K_1' on dérive $\neg p \leftrightarrow q$, c'est-à-dire $\neg p \rightarrow q$ et $q \rightarrow \neg p$

De K_2' on dérive $p \leftrightarrow q$, c'est-à-dire $p \rightarrow q$ et $q \rightarrow p$

On peut aisément constater ici l'altérité des résultats de la révision par un même input sur deux ensembles de croyance équivalents. Ceci montre que des ensembles déductivement clos ont beau être égaux, il se peut que le résultat de leur révision uniforme par un seul et même input ne donne pas le même résultat pour chacun des ensembles révisés. Mais, plus intéressant encore, c'est l'introduction de la non-monotonie par l'application de l'opération de révision.

En réaction à tout ce qui précède, nous envisageons alors – dans le cadre du développement technique que nous ferons par la suite – de considérer les stocks de proverbes et des autres phrases participant de l'argumentation défaisable (usant de proverbes) sur le modèle, non pas d'*ensembles de croyance* mais, sur celui de *bases de croyance*. Et de suite nous allons préciser cette idée de *base de croyance*.

(§1.4)- **Les ensembles de proverbes comme bases de croyance**.

L'idée fondamentale de la notion de *Base de croyance* est qu'il paraît plus naturel de concevoir les états épistémiques comme des structures modélisables par des ensembles finis de contenus propositionnels. Ces derniers étant des connaissances et croyances explicitement posées dans la structure intellectuelle du sujet. Autrement dit, une base de croyance est un ensemble fini des croyances qu'assume explicitement un agent épistémique. Ainsi, les changements épistémiques sont donc considérés comme n'intervenant directement que sur ces ensembles limités de croyance. Et il semble que ceci est le mode de fonctionnement réaliste des ordinateurs et de l'intellect humain.

C'est en raison de ces simples considérations de bon sens basique que des idéalisations alternatives ont posé les états épistémiques sur le modèle de bases de croyance dont la définition formelle est la suivante :

Définition 4 : Base de croyance.
Tout ensemble de propositions **A** est une base de croyance. Soit **K** un ensemble de croyance. Alors l'ensemble de propositions **A** est une base de croyance pour **K**, si et seulement si :

- $K = Cn(A)$

Dans cette définition, il n'y a pas de restriction explicite sur l'étendu des bases de croyance : il n'est pas forcément requit qu'elles soient finies. Cette limitation n'est considérée que du point de vue des applications effectives de la dynamique épistémique qui ne concerne souvent qu'un nombre limité de croyances.

Ici l'on pose que le critère d'acceptation (ou de croyance en) d'une proposition est que cette dernière soit une conséquence d'une base de croyance : $\alpha \in Cn(\mathbf{A})$. Les croyances basiques forment la base de croyance, tandis que les conséquences de la base de croyance, forment des croyances dérivées. De plus, les éléments de la clôture logique ne sont pas les éléments immédiats de la base de croyance. Formellement on note ces idées comme suit :

- α est une croyance si et seulement si $\alpha \in Cn(\mathbf{A})$

- α est une croyance basique si et seulement si $\alpha \in \mathbf{A}$

- α est simplement une croyance dérivée si et seulement $\alpha \in Cn(\mathbf{A}) \setminus \mathbf{A}$[31]

Dans l'approche *base de croyance*, l'idée est que les changements ont d'abord lieu sur les croyances basiques, et les croyances dérivées ne subissent de restructuration qu'en tant que cette dernière résulte de la dynamique des croyances basiques. C'est-à-dire qu'en dépit de l'intérêt qu'on pourrait porter sur leurs conséquences logiques (croyances dérivées), ces conséquences ne changent qu'à l'unique condition que cette dynamique découle de la réorganisation de la base de croyance originale. Et dans la littérature traitant de ce topique, il est généralement admis que l'intuition fondamentale dans cette approche est que les croyances dérivées sont les premières exposées en cas de nécessité d'amputation de certains contenus, celles basique étant épargnées au mieux possible. En plus, une croyance dérivée disparaît lorsque sa base est supprimée, mais l'inverse n'est pas vrai, car une conséquence peut bien être abandonnée sans pour autant que la

---

[31] Présentation tirée de Hansson, où l'auteur précise cette notation en disant que pour deux ensembles quelconques X et Y, X\Y c'est l'ensemble des éléments de X qui ne sont pas des éléments de Y.

croyance de base soit supprimée ; au contraire, il arrive souvent que cette base épistémique et doxastique continue de demeurer.

Cette approche des états épistémiques sur fond de bases de croyance nous fera considérer notre langage proverbial et les ensembles des prémisses de l'argumentation sur le mode de la non-clôture déductive, ceci afin d'éviter tous les aspects contre-productifs de la conséquence logique classique.

Cette minime digression étant faite, nous allons maintenant introduire le cadre formel dialogique dans lequel aura lieu, par la suite, l'application effective d'un fragment de cette dynamique épistémique au modèle d'argumentation propre aux traditions orales ici considérées.

(§2)- Logique Dialogique[32]

(§2.1)- Langages propositionnel et de premier ordre standard

(§2.1.a)- Langage propositionnel classique

Le langage propositionnel classique est le langage formel le plus basique ; il se compose d'un ensemble dénombrable (par « *dénombrable* » nous signifions « *fini ou de cardinal* $\aleph_0$) de lettres propositionnelles qu'on nomme aussi « *atomes propositionnels* », et qu'on représente par les minuscules latines p, q, r, s, t, ... avec des

---

[32] L'exposé qui est fait ici de la logique dialogique repose sur les travaux de Juan Redmond, présentés dans sa dissertation de thèse doctorale intitulée ; LOGIQUE DYNAMIQUE DE LA FICTION. *Pour une Approche Dialogique.* Thèse de Doctorat soutenue à l'Université Lille3, Juillet 2010, 427 pages. Pour une brève introduction historique suivie d'exercices d'application, voir dans l'appendice I en annexe de l'ouvrage.

indices si nécessaire. Ces atomes propositionnels (aussi appelés variables propositionnelles) sont mis pour des propositions élémentaires, et peuvent être combinés au moyen de connecteurs logiques pour former des propositions plus complexes. Ces dernières sont alors définies de manières récursive à partir des atomes et au moyen d'une combinaison chaque fois répétée avec ces connecteurs.

On note symboliquement Lp le langage propositionnel, et les connecteurs sont notés comme suit : ($\wedge$) conjonction, ($\vee$) disjonction, ($\neg$) négation et ($\rightarrow$) le conditionnel. Les parenthèses sont des symboles dits « auxiliaires », tant leur rôle consiste essentiellement à désambiguïser la structure des formules complexes en permettant de bien lire la portée de chaque connecteur et la priorité entre les connecteurs au sein des ces formules complexes.

La définition récursive suivante détermine la formation de toutes les formules du langage propositionnel (les expressions bien formées ou *ebf*) :

(i) Toutes les lettres de proposition sont des formules dans le langage Lp.
(ii) Si Ψ est une formule (de n'importe quelle complexité), alors $\neg \Psi$ est aussi une formule.
(iii) Si Ψ et Φ sont des formules, alors ($\Psi \wedge \Phi$), ($\Psi \vee \Phi$) et ($\Psi \rightarrow \Phi$) sont également des formules.
(iv) Seules les expressions générées par les clauses (i)-(iii) peuvent être qualifiées de formules dans Lp.

La sémantique de **Lp** est définie comme d'habitude, relative au modèle M, tel que :

- *M* : **prop** $\mapsto$ {*vrai, faux*}.

Un tel modèle *M* partitionne l'ensemble des atomes propositionnels en deux classes : ceux qui sont vrais dans le modèle et ceux qui y sont faux.

La notion de *sous-formule* (propre d'une formule) est définie de façon usuelle :
   Sub(p) = ∅;
   Sub(A∨B) = Sub(A→B) = Sub(A∧B) = {A,B}∪Sub(A)∪Sub(B); et
   Sub(¬A) = {A}∪Sub(A).

Nous dirons qu'une formule A est une *forme normale négative*, si le signe de la négation (¬) apparaît dans A, essentiellement préfixé aux sous-formules atomiques. Il n'est pas difficile de vérifier que toute formule a un équivalent en forme normale négative :

(§2.1.b)- **Langage de Premier ordre.**

Soit τ un vocabulaire fini, c'est-à-dire un ensemble fini consistant en constantes d'individus k_0, k_1..., et en symboles de relation R_0, R_1... Chaque symbole de relation est associé à un nombre naturel positif qu'on nomme son « *arité* ».

Soit un ensemble de variables individuelles, *Var* = {x_0, x_1, ...}, fixé. Les constantes et les variables réfèrent conjointement aux *termes* (t_i). Les formules atomiques de premier ordre sont des suites de symboles de la forme :
   $R_i t_1 \ldots t_n$ où R_i est de *n*-aire, et où chaque t_j est un terme.

La classe des formules du vocabulaire de la logique de premier ordre τ, ou **FO[τ]**, est obtenue par la clôture de l'ensemble des formules atomiques sous la conjonction, la disjonction, le conditionnel et la négation, aussi bien que sous les quantifications universelle et existentielle.

Nous utilisons les capitales latines A, B, C... du début de l'alphabet pour indiquer des formules arbitraires (complexes ou atomiques).

La notion de *sous-formule* propre est obtenue en élargissant la définition de sous-formule d'une **Lp**-formule par les clauses suivantes :

$$\text{Sub}(\forall x_1 B) = \text{Sub}(\exists x_1 B) = \{B\} \cup \text{Sub}(B).$$

L'ensemble [B] des variables *libres* d'une formule est défini récursivement comme d'habitude

- *Libre*$[R_i t_1 \ldots t_n] = \{t_1 \ldots t_n\} \cap Var$.

- *Libre*$[\neg B] = Libre\ [B]$.

- *Libre*$[B \wedge C] = Libre[B \vee C] = Libre[B \rightarrow C] = Libre[B] \cup Libre[C]$.

- *Libre*$[\forall x_1 B] = Libre[\exists x_1 B] = Libre[B] \setminus \{x_i\}$.

Les formules dont l'ensemble des variables libres est vide sont des *phrases*. Quelques fois nous écrirons $A(x_1 \ldots x_n)$ pour indiquer que $x_1 \ldots x_n$ sont parmi les variables libres de A.

La sémantique de **FO[τ]** est définie relativement aux **τ-structures**, c'est-à-dire aux structures des **M** modèles consistant en un domaine **D** non-vide accompagné des symboles d'interprétation *I* qui apparaissent dans le vocabulaire **τ** : l'interprétation d'une constante dans la structure est simplement un élément du domaine, tandis que l'interprétation d'un symbole de relation est une relation définie sur le domaine, c'est-à-dire un sous-ensemble du produit $\mathbf{M}^n$. Les variables libres seront reliées au domaine au moyen des fonctions d'assignation.

Maintenant, l'effectivité de ces deux langages (à peine présentés synthétiquement) dans le cadre dialogique s'accommode de certaines règles que nous allons de suite présenter :

(§2.2)- Logique dialogique propositionnelle

(§2.2.a)- **Langage pour la logique dialogique propositionnelle**

Un langage pour la logique dialogique propositionnelle L_D s'obtient à partir du langage L de la logique propositionnelle (Lp) auquel on ajoute quelques symboles métalogiques. On introduit les symboles de force spéciaux **?** et **!**. Les expressions de L_D réfèrent soit à une expression de L, soit à une des expressions suivantes : 1, 2. En plus des expressions et des symboles, pour L_D, on dispose aussi des étiquettes **O** et **P** pour les participants du dialogue.

Les dialogues se déroulent en suivant deux types de règles : règles de particules et règles structurelles. On commence par les règles de particules, on présentera ensuite les règles structurelles.

(§2.2.a$_1$)- **Règles de particules**

Une *forme argumentative*, ou *règle de particule*, est une description abstraite de la façon dont on peut critiquer une formule, en fonction de son connecteur (ou particule) principal, et des réponses possibles à ces critiques. C'est une description abstraite en ce sens qu'elle ne contient aucune référence à un contexte de jeu déterminé et ne dit que la manière d'attaquer ou défendre une formule. Du point de vue dialogique, on dit que ces règles déterminent la *sémantique locale* parce qu'elles indiquent le déroulement d'un fragment du dialogue, où tout ce qui est en jeu est une critique qui porte sur *le connecteur principal* de la formule en question et la réponse correspondante, et non le contexte (logique) global dont la formule en est une composante.

On peut aborder ces règles en supposant que l'un des joueurs (X ou Y) asserte une formule qu'il doit ensuite défendre face aux attaques de l'autre joueur (Y ou X, respectivement). L'assertion est soit une conjonction, soit une disjonction, soit une conditionnelle, soit une négation (soit une expression quantifiée quand on passera au premier ordre). De façon générale, on a donc deux types de coups dans les dialogues : les *attaques* qui, comme on le verra, peuvent consister en questions ou concessions, les *défenses* qui consistent en réponses à ces attaques.

Dans ce qui suit, on expliquera les défenses en termes de justification. Avoir une justification pour une formule complexe, cela veut dire qu'on est en mesure de la défendre contre toutes les attaques possibles de l'autre joueur. Avoir une justification pour une formule atomique, cela veut dire qu'on est en mesure d'opter pour une stratégie qui permette de la jouer (en l'occurrence, on verra dans les règles structurelles (RS-3) ci-dessous que **P** a une justification pour une formule atomique si et seulement si **O** la lui concède).

Pour énoncer les règles, on utilisera les expressions suivantes :
X-!-Ψ, Y-!-Ψ, X-?- Ψ, et Y-?- Ψ (On suppose que **X ≠ Y**)

Les tableaux ci-dessous expliquent leur signification :

X-!-Ψ		
X	**!**	**Ψ**
Joueur X	L'expression jouée par X est une formule qui doit être défendue.	L'expression jouée par **X** et qui, dans ce cas, correspond à une formule. S'il s'agit du début du dialogue, c'est la thèse.
O ou **P**		A, ¬A, A∧B, A∨B, etc.

X-?-Ψ		
X	?	Ψ
Joueur X	L'expression jouée par X est une question.	L'expression jouée par X et qui, dans ce cas, correspond à une question.
O ou **P**		$\wedge_1$ (dans X-?-$\wedge_1$) $\wedge_2$ (dans X-?-$\wedge_2$) $\vee$ (dans X-?-$\vee$) **Pour la logique de premier ordre on ajoutera :** $\forall x/c$ (dans X- ?- $\forall x/c$) $\exists x$ (dans X- ?-$\exists x$)

De même pour **Y-?- Ψ** et pour **Y-!-Ψ**.
On tiendra compte du fait que les joueurs X et Y jouent en alternance.

- Pour la conjonction:

Type d'action	$\wedge$	Explication : Ici le joueur X asserte la conjonction A∧B et doit maintenant la défendre (!). Le joueur X affirme en fait qu'il a une justification pour chacun des conjoints. Comment l'attaquer ? Puisqu'il prétend avoir une justification pour chacun, c'est à celui qui attaque la conjonction de choisir le conjoint que le défenseur devra défendre : soit le premier conjoint (Y-?-$\wedge_1$), soit le second (Y-?-$\wedge_2$). La défense consiste justement à répondre (X-!-A) ou (X-!-B), respectivement.
Assertion	X-!-A∧B	
Attaque L'attaque est une question	Y-?-$\wedge_1$ Y-?-$\wedge_2$	
Défense La défense est une assertion qui doit être défendue	X-!-A X-!-B	

- Pour la disjonction:

Type d'action	∨	Explication : Ici le joueur X asserte la disjonction A∨B et doit maintenant la défendre (!). Le joueur X affirme en fait qu'il a une justification pour au moins un des deux disjoints. Comment l'attaquer ? On lui demande de justifier au moins un des deux (Y-?-∨) parmi A ou B. Mais cette fois c'est le défenseur qui choisit lequel il veut défendre : soit en justifiant le disjoint de gauche X-!-A, soit en justifiant le disjoint de droite X-!-B.
Assertion	X-!-A∨B	
Attaque L'attaque est une question	Y-?-∨	
Défense La défense est une assertion qui doit être défendue	X-!-A ou X-!-B	

- Pour la conditionnelle :

Type d'action	→	Explication : Ici le joueur X asserte la conditionnelle A → B et doit maintenant la défendre. Comment l'attaquer ? L'unique manière de faire tomber une conditionnelle, c'est d'avoir une justification de l'antécédent mais pas du conséquent. Pour cette raison le joueur Y concède l'antécédent Y-!-A, et alors X doit justifier le conséquent X-!-B, ou contre-attaquer sur A.
Assertion	X-!-A → B	
Attaque L'attaque est une assertion qui doit être défendue	Y-!-A	
Défense La défense est une assertion qui doit être défendue	X-!-B	

- Pour la négation :

Type d'action □	¬	Explication : Le joueur X asserte la négation ¬A (!). Comment l'attaquer ? En affirmant tout le contraire, c'est-à-dire, en affirment A (Y-!-A). Pour cette attaque il n'y a pas de défense possible. Mais il est possible de contre-attaquer A en fonction de son connecteur principal. En fait, le seul moyen d'attaquer ¬A, c'est de prendre à sa charge la preuve de A.
Assertion	X-!-¬A	
Attaque L'attaque est une assertion	Y-!-A	
Défense	Pas de défense	

Cadre récapitulatif 1

		Assertion	Attaque	défense
i	∧	X-!-A∧B	Y-?-∧$_1$ Y-?-∧$_2$	X-!-A X-!-B
ii	∨	X-!-A∨B	Y-?-∨	X-!-A ou X-!-B
iii	→	X-!-A→B	Y-!-A	X-!-B
iv	¬	X-!-¬A	Y-!-A	Pas de défense

On rappelle une fois encore l'importance de la distinction entre défense et attaque d'une part, assertion et question d'autre part. Lorsqu'on fait une attaque, il peut s'agir soit d'une assertion qu'on doit défendre (indiquée par « -!- »), soit d'une question (indiquée par « -?- »). Le premier cas correspond à l'attaque d'une conditionnelle (voir *iii*) ou à l'attaque d'une négation (voir *iv*). En effet, dans ces deux cas, on attaque avec des formules : on attaque la conditionnelle en concédant son antécédent (une formule) ou bien on attaque une expression niée en concédant l'affirmative (une formule). Pour les autres connecteurs il s'agit de questions (voir *i*, *ii*).

État d'un dialogue :

Dans ce qui suit, nous allons décrire la dynamique propre des dialogues à partir de la notion d' « état d'un dialogue ». Un état d'un dialogue est un doublet <ρ, Φ> dans lequel :
- ρ : rôle d'un joueur : soit attaquant (?), soit défenseur (!). Le joueur X ou Y peut attaquer avec une question (?) ou avec une assertion (!). Par contre, une défense est toujours une assertion.
- Φ : expression étiquetée qui correspond à l'état du dialogue et qui a l'une des formes suivantes: P-!-Ψ, O-!-Ψ, P-?-Ψ et O-?-Ψ.

C'est au moyen des états d'un dialogue qu'on va montrer comment jouer relativement à une expression Ψ dont il s'agit dans le dialogue. Un état d'un dialogue décrit un coup. Pour les explications de la ensuite, nous avons besoin de définir les termes suivants :

(Définition 1) Coup : résultat d'une action qui consiste à jouer soit la thèse, soit une attaque, soit une défense, de la part d'un des deux joueurs.

Remarque : Chacun des deux agents **O** et **P** jouent un coup chacun leur tour. Chaque coup, dans le dialogue, est numéroté (la thèse est numérotée 0, les coups pairs sont les coups de **P**, les coups impairs sont les coups de **O**).

(Définition 2) Jeu : ensemble de coups.

(Définition 3) Round (ou étape de jeu) : jeu qui consiste en une attaque et la défense correspondante.

(Définition 4) Partie : dans un dialogue fini, ensemble des jeux qui commencent avec la thèse (toute partie est un jeu mais non pas le contraire).

(Définition 5) Dialogue : ensemble de parties (le nombre des parties composantes est n+1 [n = nombre d'embranchements]).

On va maintenant montrer comment les règles de particules, qui déterminent la sémantique locale, définissent la notion d'état de dialogue (encore non déterminé d'un point de vue structurel, global). Par la suite, on se servira des états de dialogues dans la définition des règles structurelles ainsi que pour apporter des explications aux exercices.

Explications des états d'un dialogue pour chaque particule

- Règle de particule pour la négation (**N**):
-

Le jeu commence avec l'assertion d'une expression niée, par exemple $\neg A$, par un joueur quelconque (X ou Y). Le jeu est composé de coups, qu'on appellera des coups Ni (c'est-à-dire N_1, N_2, etc.). Dans le premier coup, on ne s'intéresse pas à la question de savoir si le joueur l'a assertée pour attaquer ou pour se défendre. On dit simplement qu'il a joué une négation et qu'il doit la défendre (il en sera de même pour les autres connecteurs).

$\Psi = \neg A$	Explications
Coup $N_1 = <\text{--}, X\text{-!-}\neg A>$	Le joueur X joue la formule $\neg A$ et doit maintenant la défendre (!)
Coup $N_2 = <?, Y\text{-!-}A>$	Le joueur Y l'attaque (?) avec A et doit maintenant la défendre (!).

- Règle de particule pour la conjonction (**C**):

Le jeu commence avec l'assertion d'une conjonction, par exemple $A \wedge B$, par un joueur quelconque (X ou Y).

$\Psi = A \wedge B$	Explications
Coup $C_1 = <\text{--}, X\text{-!-} A \wedge B>$	Le joueur X joue la conjonction $A \wedge B$ et maintenant doit la défendre (!).
Coup $C_2 = <?, Y\text{-?-}\wedge_1>$ Et $<?, Y\text{-?-}\wedge_2>$	Le joueur Y l'attaque (?) en exigeant une justification soit pour le premier conjoint, soit pour le second.

| Coup C_3= | <!, X-!-A> et <!, X-!-B> | X défend (!) la conjonction en justifiant le conjoint choisi par Y, A ou B. |

- Règle de particule pour la disjonction (**D**) :
Le jeu commence avec l'assertion d'une disjonction, par exemple A∨B, par un joueur quelconque (X ou Y).

Ψ= A∨B	Explications
Coup D_1= < --, X-!-A∨B>	Le joueur X joue la formule A∨B et doit maintenant la défendre (!).
Coup D_2= <?, Y-?-∨>	Le joueur Y l'attaque (?) en exigeant une justification pour au moins un des deux disjoints. Le joueur X choisit celui qu'il veut justifier.
Coup D_3= <!, X-!-A> o bien <!, X-!-B>	Le joueur X se défend (!) en assertent A ou B, c'est-à-dire (X-!-A) ou (X-!-B). Quelle que soit la réponse, elle devra à son tour être défendue.

- Règle de particule pour la conditionnelle (**I**) : Le jeu commence avec l'assertion d'une conditionnelle, par exemple A→B, par un joueur quelconque (X ou Y).

Ψ= A→B	Explications
Coup I_1= < --, X-!-A→B>	Le joueur X joue la formule A → B et doit maintenant la défendre (!)
Coup I_2= <?, Y-!-A>	Le joueur Y l'attaque (?) en concédant l'antécédent A (qu'il devra être en mesure de défendre (!) à son tour).
Coup I_3= <!, X-!-B> o bien <?, X-**coup 2**>	Le joueur X a deux possibilités : soit se défendre en répondant le conséquent (X-!-B) – qu'il devra alors défendre - soit contre-attaquer (?) l'antécédent A concédé par Y. Cette contre-attaque aura la forme du **coup 2** du jeu, laquelle forme dépendra du connecteur principal de A.

Cadre récapitulatif 2

Chaque coup que fait un joueur est *décrit* par un doublet appelé **état d'un dialogue**

état d'un dialogue : $<\rho, \Phi>$

$\Phi = $ P-!-Ψ, O-!-Ψ, P-?-Ψ et O-?-Ψ

Ψ pour le premier coup : $\neg A$, $A \wedge B$, $A \vee B$, $A \rightarrow B$

Ψ pour le deuxième coup correspondant à N_2, C_2, etc.

L'expression **A** correspond à une formule quelconque.

Expressions	Dans le même ordre :
<?, Y-!-A>	<attaque, **joueur Y-formule-**A>
<!, X-!-B>	< défense, **joueur X-formule-**B>

Les états d'un dialogue donnent un moyen d'exprimer précisément le contenu de chaque coup. Maintenant, on va expliquer la signification des particules à l'intérieur de chaque dialogue, pour chaque joueur, **O** et **P**, et toujours à l'aide des états des dialogues. Ce sera également l'occasion d'introduire la notion de *branchement*.

(§2.2.a$_2$)- Règles structurelles

Les règles structurelles établissent l'organisation générale du dialogue. Le dialogue commence avec la thèse. Cette thèse est une expression jouée par le proposant qui doit la justifier, c'est-à-dire qu'il doit la défendre contre toutes les critiques (attaques) possibles de l'opposant. Lorsque ce qui est en jeu est de tester s'il y a une preuve de la thèse, les règles structurelles doivent fournir une méthode de décision. Les règles structurelles seront choisies de manière à ce que le proposant réussisse à défendre sa thèse contre toutes les critiques possibles de l'opposant si et seulement si la thèse est valide. En logique dialogique la notion de validité est en effet fondée sur l'existence d'une stratégie gagnante pour le proposant. On verra également que différents types de dialogues peuvent avoir différents types de règles structurelles.

On notera que les dialogues s'appuient sur l'hypothèse que chacun des joueurs suit toujours la meilleure stratégie possible. C'est-à-dire que les participants aux dialogues, P et O, sont en fait des agents idéalisés. Dans la vie réelle, il pourrait arriver que l'un des joueurs soit cognitivement limité au point d'adopter une stratégie qui le fasse échouer contre certaines ou contre toutes les séquences de coups joués par l'opposant même si une stratégie gagnante était disponible. Les agents idéalisés des dialogues ne sont donc pas limités et dire qu'ils « ont une stratégie » signifie qu'il existe, par un critère combinatoire, un certain type de fonction ; cela ne signifie pas que l'agent possède une stratégie dans quelque sens cognitif que ce soit.

Les Règles :

(RS-0) (*ouverture de partie*) : Les expressions d'un dialogue sont numérotées, et sont énoncées à tour de rôle par **P** et **O**. La thèse porte le numéro 0, et est assertée par **P**. Tous les coups suivant la thèse sont des réponses à un coup joué par l'adversaire, en obéissant aux règles de particule et aux autres règles structurelles. On appelle D(A) un dialogue qui commence avec la thèse A, les coups pairs sont des coups faits par **P**, les coups impairs sont faits par **O**.

(RS-1 intuitionniste**)** (*Clôture de round – ou d'étape de jeu – intuitionniste*) À chaque coup, chaque joueur peut : soit attaquer une formule complexe énoncée par l'autre joueur, soit se défendre *de la dernière attaque contre laquelle il ne s'est pas encore défendu*. On peut temporiser avant de se défendre contre une attaque tant qu'il reste _ sous le coude_ des attaques à jouer. Si c'est au tour de X de jouer le coup n, et que Y a joué deux attaques aux coups l et m (avec $l<m<n$), auxquelles X n'a pas encore répondu, X ne peut plus se défendre contre l. En bref, on peut se défendre seulement contre la dernière attaque non encore défendue.

Exemple : soit Y=**O** et X=**P**

	O	P	
l	Attaque	Sans réponse	
m	Attaque	Sans réponse	n
		Dans les coups qui suivent m, on ne peut se défendre que contre m, et pas contre l.	

(**RS-1** classique) (*Clôture de round _ clôture d'étape de jeu _ classique*) À chaque coup, chaque joueur peut soit attaquer une formule complexe énoncée par l'adversiare, soit se défendre contre *n'importe quelle* attaque de l'adversaire (y compris celles auxquelles il a déjà répondu).

(**RS-2**) (*Ramification*) Si dans un jeu, c'est au tour de **O** de faire un choix propositionnel (c'est-à-dire lorsque **O** défend une disjonction, attaque une conjonction, ou répond à une attaque contre une conditionnelle), **O** engendre deux dialogues distincts. **O** peut passer du premier dialogue au second si et seulement s'il perd celui qu'il choisit en premier lieu. Aucun autre coup ne génère de nouveau dialogue.

Précisions : chaque ramification – scission en deux parties – dans un dialogue, doit être considérée comme le résultat d'un choix propositionnel fait par l'opposant. Il s'agit des choix effectués pour :

1. défendre une disjonction
2. attaquer une conjonction
3. répondre à l'attaque d'un conditionnel

Chacun de ces choix donne une nouvelle branche, c'est-à-dire, une nouvelle partie. Par contre, les choix du proposant ne génèrent pas de nouvelles branches. Un dialogue sans ramification est en fait équivalent à une partie. Un dialogue avec une ramification est un dialogue composé de deux parties.

Cadre récapitulatif 3

Coup	Ramifications
	comme réponses aux attaques suivantes :
C_1=<--, **P**-!-A∧B>	C_2=<?, **O**-?-$_{\wedge_1}$> et C_2=<?, **O**-?-$_{\wedge_2}$>
D_1=<--, **O**-!-A∨B>	D_2=<?, **P**-?-∨>
I_1=< --, **O**-!-A→B>	I_3=< !, **O**-!-B> et < ?, **O**-« coup 2 »>
I_2=<?, **P**-!-A>	

(**RS-3**) *Usage formel des formules atomiques* :

Le proposant ne peut introduire de formule atomique : toute formule atomique, dans un dialogue, doit d'abord être introduite par l'opposant. On ne peut pas attaquer les formules atomiques. Ceci revient à dire que le Proposant joue sous une contrainte formelle par rapport l'usage des formules atomiques.

(**RS-3,5**) *Règle de décalage ou de changement (Shifting rule)* :

Lorsqu'on joue un dialogue **D**(A), **O** est autorisé à changer entre les parties « alternatives » $\Delta^\frown\Delta' \in D(A)$. Plus exactement, si **O** perd une partie Δ, et que Δ implique un choix propositionnel fait par **O**, alors **O** est autorisé à continuer en s'orientant vers une autre partie - existante grâce à la règle de ramification (RS-2). Concrètement cela signifie que la séquence $\Delta^\frown\Delta'$ sera alors une partie, c'est-à-dire un élément de D(A).

C'est précisément la règle de décalage qui introduit des parties qui ne sont pas des jeux dialogiques simples. (Les jeux dialogiques sont un cas spécial de parties : ces dernières sont identifiées comme étant des séquences d'éléments des jeux dialogiques.) Comme exemple d'application de la règle de changement, on considère un dialogue D(A) procédant à partir des hypothèses (ou concessions initiales de **O**)

B, ¬C, et avec la thèse A = B∧C. Si **O** décide d'attaquer le conjoint gauche, le résultat sera la partie :

(<**P**-!-B∧C>, <**O**-?-L>, <**P**-!-B>)

et **O** perdra (parce qu'il a déjà concédé B). Mais, suivant la règle de changement, **O** peut décider de faire un autre essai. Cette fois-ci il souhaite choisir le conjoint de droite. La partie résultante est :

(<**P**-!-B∧C>, <**O**-?-L>, <**P**-!-B>, <**P**-!-B∧C>, <**O**-?-R>, <**P**-!-C>)

Observons que cette partie consiste en deux jeux dialogiques, notamment :
[(<**P**-!-B∧C>, <**O**-?-L>, <**P**-!-B>)] et [(<**P**-!-B∧C>, <**O**-?-R>, <**P**-!-C>)]
Par contraste, cette partie n'est pas elle-même un jeu dialogique.

(**RS-4**) *Gain de partie* :

Un dialogue est *clos* si, et seulement si, il contient deux occurrences de la même formule atomique, respectivement étiquetées X et Y. Sinon le dialogue reste *ouvert*. Le joueur qui a énoncé la thèse gagne le dialogue si et seulement si le dialogue est clos. Un dialogue est terminé si et seulement s'il est clos, ou si les règles (structurelles et de particules) n'autorisent plus aucun autre coup. Le joueur qui a joué le rôle d'opposant a gagné le dialogue si et seulement si le dialogue est terminé et ouvert.

      Terminé et clos : le proposant gagne
      Terminé et ouverte : l'opposant gagne

Afin d'introduire la règle suivante, RS-5, on doit définir la notion de répétition :

(**Définition 7**) **Répétition stricte** d'une attaque / d'une défense :

a) On parle de **répétition stricte d'une attaque** si un coup est attaqué bien que le même coup ait été attaqué auparavant par la même attaque. (On notera que dans ce contexte, les choix de ?- $\wedge_1$ et ?- $\wedge_2$ sont des attaques différentes.)

b) On parle de **répétition stricte d'une défense**, si un coup d'attaque m_1, qui a déjà été défendu avec le coup défensif m_2 auparavant, est à nouveau défendu contre l'attaque m_1 avec le même coup défensif. (On notera que la partie gauche et celle de droite d'une disjonction sont dans ce contexte deux défenses différentes.)

(**RS-5**) *Règle d'interdiction de répétitions à l'infini* :

Cette règle a deux variantes, l'une classique et l'autre intuitionniste, chacune dépendant du type de règles structurelles avec lesquelles est engagé le dialogue.

(**RS-5-**$_{classique}$) : Les répétitions strictes ne sont pas autorisées.

(**RS-5-**$_{intuitionniste}$) : Si **O** a introduit une nouvelle formule atomique qui peut maintenant être utilisée par **P**, alors **P** peut exécuter une répétition d'attaque. Les répétitions strictes ne sont pas autorisées.

(Définition 8) Validité :
On dit qu'une thèse A est dialogiquement valide (en classique ou intuitionniste) lorsque toutes les parties du dialogue D(A) sont closes.

Il est possible de prouver que la définition dialogique de la validité coïncide avec la définition standard. Les premières formulations de la preuve furent développées par Kuno Lorenz dans sa Thèse de Doctorat (reprises dans Lorenzen/Lorenz 1978). Haas[33] et Felscher[34] prouvèrent l'équivalence avec la logique intuitionniste de premier ordre (en démontrant la correspondance entre les dialogues intuitionnistes et le

---

[33] Haas, 1980.
[34] Felscher, 1985

calcul intuitionniste des séquents); tandis que Stegmüller[35] établissait l'équivalence dans le cas de la logique de premier ordre classique. Rahman[36], qui développa l'idée selon laquelle les dialogues pour la validité pouvaient être vus comme une structure de théorie de la preuve pour construire les systèmes de tableaux, prouva directement l'équivalence entre les deux types de dialogues et les tableaux sémantiques correspondants, à partir desquels le résultat s'étend au calcul des séquents correspondant.

(§2.3)-Logique dialogique de premier ordre.

Un langage pour la logique dialogique de premier ordre L_D s'obtient à partir du langage L de la logique de premier ordre (**LPO**), en y ajoutant des symboles métalogiques. On introduit les symboles spéciaux ? et !. Les expressions de L_D réfèrent soit à une expression de L, soit à un des expressions suivantes :

$$1, 2, \forall \Box x/c, \exists \Box x/c$$

Où x est une variable quelconque et c une constante quelconque. En plus des expressions et des symboles, pour L_D on dispose aussi des étiquettes **O** et **P** pour les participants du dialogue.

Tout comme en dialogique propositionnelle, les dialogues se déroulent en suivant deux types de règles : les règles de particule et les règles structurelles.

(§2.3.a$_1$)- Règles de particules.

---

[35] Stegmüller, 1964.
[36] Rahman, 1994, pp.88-107.

- Pour le quantificateur universel :

Type d'action	∀	Explication :
Assertion	X-!-□∀xA	Ici, le joueur X asserte la formule quantifiée universellement □∀xA et doit maintenant la défendre (!). Le joueur X affirme en fait qu'il peut justifier que tous les individus du domaine qui ont la propriété A. Comment l'attaquer ? Précisément, s'il dit que tous les individus sont concernés, alors c'est à l'attaquant, Y, de choisir l'individu pour lequel il doit faire sa justification. On lui demande ainsi de justifier son assertion pour l'individu c : (Y-?-∀□x/c). La défense, pour X, consiste à donner cette justification, en montrant que l'individu désigné par c a effectivement la propriété A : (X-!-A[x/c]).
Attaque L'attaque est une question	Y-?-□∀x/c	
Défense la défense est une assertion	X-!-A[x/c]	

- Pour le quantificateur existentiel :

Type d'action	∃	Explication :
Assertion	X-!-□xA	Ici, le joueur X asserte la formule quantifiée existentiellement □∃xA et doit maintenant la défendre (!). Le joueur X affirme en fait qu'il peut justifier qu'il y a au moins un individu qui a la propriété A. Comment l'attaquer ? On lui demande de justifier son assertion pour au moins un individu : (Y-?-∃□x). Mais cette fois c'est à lui de choisir l'individu c. La défense, pour X, consiste à justifier que c a la propriété A : (X-!-A[x/c]). Cette défense est une assertion qui doit être défendu par X par la suite (s'il y a suite du jeu).
Attaque L'attaque est une question	Y-?-∃□x	
Défense La défense est une assertion	X-!-A[x/c]	

Cadre récapitulatif 4

		Assertion	Attaque	Défense
i	∧	X-!-A∧B	Y-?-∧$_1$ Y-?-∧$_2$	X-!-A X-!-B
ii	∨	X-!-A∨B	Y-?-∨	X-!-A ou X-!-B
iii	→	X-!-A→B	Y-!-A	X-!-B
iv	¬	X-!-¬A	Y-!-A	Il n'y a pas
v	∀	X-!∀xA	Y-?-∀□x/c Le choix est pour Y	X-!-A[x/c]
vi	∃	X-!-∃□xA	Y-?-□∃□x	X-!-A[x/c] Le choix est pour X

Explications des états d'un dialogue pour chaque particule

- Règle de particule pour le quantificateur universel :

Le jeu commence avec l'assertion par un joueur d'une expression quantifiée universellement, c'est-à-dire, ∀xA.

Ψ = ∀□xA	Explications
Coup U$_1$= < --, X-!-□∀xA>	Le joueur X joue la formule ∀xA et doit maintenant la défendre (!).
Coup U$_2$= <?, Y-?-□ □∀x/c>	Le joueur Y l'attaque (?) en demandant qu'il justifie son assertion (question : ?) pour l'individu désigné par la constante individuelle c. C'est Y qui choisit la constante individuelle.
Coup U$_3$= <!, X-!-A[x/c]>	Le joueur X se défend (!) en justifiant que le prédicat A s'applique à l'individu désigné par c : C'est-à-dire A[x/c]. Cette assertion doit être défendue.

- Règle de particule pour le quantificateur existentiel :

Le jeu commence avec l'assertion par un joueur d'une expression quantifiée existentiellement, c'est-à-dire, $\exists xA$.

$\Psi = \exists \Box xA$	Explications
Coup E_1= <--, X-!-$\exists\Box xA$>	Le joueur X joue la formule $\Box\exists xA$ et doit maintenant la défendre (!).
Coup E_2= <?, Y-?-$\exists\Box x\ \Box$>	Le joueur Y l'attaque (?) en demandant qu'il justifie son assertion (question : ? $\exists\Box x$) pour l'individu désigné par c. C'est X qui choisit la constante individuelle.
Coup E_3= <!, X-!-A[x/c]>	Le joueur X se défend (!) en justifiant que le prédicat A s'applique à l'individu désigné par c. C'est-à-dire A[x/c]. Cette assertion doit être défendue.

Dans les deux derniers diagrammes, l'expression A[x/c] correspond à la substitution uniforme de la constante c pour chaque occurrence de la variable x dans la formule A.

(§2.3.a_2)- Règles structurelles.

(**RS-0**) *Ouverture de partie* : Les expressions d'un dialogue sont numérotées et sont énoncées à tour de rôle par **P** et **O**. La thèse porte le numéro 0 et est assertée par **P**. Tous les coups suivant la thèse sont des réponses à un coup joué par un autre joueur, et obéissant aux règles de particule et aux autres règles structurelles. On appelle D(A) un dialogue qui commence avec la thèse A, les coups pairs sont des coups faits par **P**, les coups impairs sont faits par **O**.

(**RS-1** intuitionniste) *Clôture de round intuitionniste* :
À chaque coup, chaque joueur peut soit attaquer une formule complexe énoncée par l'autre joueur, soit se défendre *de la dernière*

attaque contre laquelle il ne s'est pas encore défendu. On peut temporiser avant de se défendre contre une attaque tant qu'il reste des attaques à jouer. Si c'est au tour de X de jouer le coup *n*, et que Y a joué deux attaques aux coups *l* et *m* (avec *l<m<n*), auxquelles X n'a pas encore répondu, X ne peut plus se défendre contre *l*. En bref, on peut se défendre seulement contre la dernière attaque non encore défendue.

(**RS-1-** classique) *Clôture de round classique* :

À chaque coup, chaque joueur peut soit attaquer une formule complexe énoncée par l'autre joueur, soit se défendre contre *n'importe quelle* attaque de l'autre joueur (y compris celles auxquelles il a déjà répondu).

(**RS-2**) *Ramification* :

Lorsque dans un jeu, c'est au tour de **O** de faire un choix propositionnel (c'est-à-dire lorsque **O** défend une disjonction, attaque une conjonction, ou répond à une attaque contre une conditionnelle), **O** engendre deux dialogues distincts. **O** peut passer du premier dialogue au second si et seulement s'il perd celui qu'il choisit en premier. Aucun autre coup ne génère de nouveau dialogue.

(**RS-3**) *Contrainte formelle sur l'usage des formules atomiques* :

Le proposant ne peut introduire de formule atomique : toute formule atomique dans un dialogue doit d'abord être introduite par l'opposant. On ne peut pas attaquer les formules atomiques.

(**RS-4**) *Gain de partie* :

Un dialogue est *clos* si, et seulement si, il contient deux occurrences de la même formule atomique, respectivement étiquetées X et Y. Sinon le dialogue reste *ouvert*. Le joueur qui a énoncé la thèse gagne le dialogue si et seulement si le dialogue est clos. Un dialogue est terminé si et seulement s'il est clos, ou si les règles (structurelles et de particule) n'autorisent aucun autre coup. Le joueur qui a joué le rôle d'opposant a gagné le dialogue si et seulement si le dialogue est terminé et ouvert.

Avant d'introduire la règle RS-5, nous définissons préalablement la notion de *répétition* et nous l'adaptons à la logique de premier ordre :

(Définition 9) Répétition stricte d'une attaque / d'une défense :

a) On parle de **répétition stricte d'une attaque**, si un coup est actuellement attaqué bien que le même coup ait été attaqué auparavant par la même attaque. (On remarquera que choisir la même constante est une répétition stricte, tandis que les choix de ?-$\wedge_1$ et ?-$\wedge_2$ sont des attaques différentes.) Dans le cas d'un coup où un **quantificateur universel** a été attaqué avec une constante, le type de coup suivant doit être ajouté à la liste des répétitions strictes :

- Un coup contenant un quantificateur universel (c'est-à-dire une formule quantifiée universellement) est attaqué en utilisant une nouvelle constante, bien que le même coup ait déjà été attaqué auparavant avec une autre constante qui était nouvellement introduite au moment de cette attaque.

- Un coup contenant un quantificateur universel est attaqué en utilisant une constante qui n'est pas nouvelle, bien que le même coup ait déjà été attaqué auparavant avec la même constante.

b) On parle de **répétition stricte d'une défense**, si un coup d'attaque m_1, qui a déjà été défendu avec le coup défensif m_2 auparavant, est à nouveau défendu contre l'attaque m_1 avec le même coup défensif. (On remarquera que la partie gauche et celle de droite d'une disjonction sont dans ce contexte deux défenses différentes.)
Dans le cas d'un coup où un **quantificateur existentiel** a déjà été défendu avec une nouvelle constante, les types de coups suivants doivent être ajoutés à la liste des répétitions strictes :

- Une attaque sur un quantificateur existentiel est défendue en utilisant une nouvelle constante, bien que le même quantificateur ait déjà été défendu auparavant avec une constante qui était nouvelle au moment de cette attaque.

- Une attaque sur un quantificateur existentiel est défendue en utilisant une constante qui n'est pas nouvelle, bien que le même quantificateur ait déjà été défendu auparavant avec la même constante.

Remarque : Selon ces définitions, ni une nouvelle défense d'un quantificateur existentiel, ni une nouvelle attaque sur un quantificateur universel, n'est, à proprement parler, une stricte répétition si l'on utilise une constante qui, même si elle n'est pas nouvelle, est différente de celle utilisée dans la première défense (respectivement, la première attaque) et qui était nouvelle à ce moment.

(**RS-5**) *Règle d'interdiction de répétitions à l'infini* :

Cette règle a deux variantes, l'une classique et l'autre intuitionniste, chacune dépendant du type de règles structurelles avec lesquelles est engagé le dialogue.

(**RS-5**$_{classique}$) : Les répétitions strictes ne sont pas autorisées.

(**RS-5**$_{intuitionniste}$) : Dans la version intuitionniste, si **O** a introduit une nouvelle formule atomique qui peut maintenant être utilisée par **P**, alors **P** peut exécuter une répétition d'attaque. Les répétitions strictes ne sont pas autorisées.

Remarque : Cette règle, quand elle est combinée à une procédure systématique adéquate, permet à l'Opposant de trouver un dialogue fini, où il gagne s'il y en a un : c'est-à-dire qu'il pourrait y avoir des formules où l'Opposant peut gagner seulement avec un jeu infini. Le point de la procédure systématique est le suivant : on suppose que, dans un jeu, k_i apparaît et que l'Opposant doit maintenant choisir une constante. Alors il produira deux jeux différents : dans l'un, il utilisera l'ancienne constante ; dans l'autre, il utilisera la nouvelle constante.

(§3)-Dialogues et Tableaux.

(§3.1)- Stratégies gagnantes et Tableaux.

Comme mentionné précédemment, les stratégies des jeux dialogiques fournissent les éléments pour construire une notion de validité telle que pour les tableaux. Suivant l'idée originelle au fondement de la dialogique, cette notion de validité est atteinte *via* la notion de stratégie gagnante de la théorie des jeux. On dit que X a une stratégie gagnante s'il y a une fonction qui, contre tous les coups possibles de Y, donne le coup correct pour X, lui garantissant la victoire du jeu.

C'est effectivement un fait notoire que les tableaux sémantiques habituels pour la logique intuitionniste et classique, tels qu'ils ont été reformulés en 1968 par Raymond Smullyan avec une structure en forme d'arbre, et en 1969 par Melvin Fitting, sont en connexion directe avec les tableaux (et dans le calcul des séquents correspondant) pour les stratégies engendrées par les jeux de dialogues, joués pour tester la validité au sens défini par ces logiques.[37]

Une description systématique des stratégies gagnantes disponibles peut être obtenue à partir des considérations suivantes :

Si **P** doit gagner contre n'importe quel choix de **O**, alors on doit considérer deux situations principales différentes, à savoir les situations dialogiques dans lesquelles **O** a posé une formule (complexe) et celles dans lesquelles c'est **P** qui a posé une formule (complexe). On appellera ces deux situations le cas **O** et le cas **P**, respectivement.

---

[37] Voir Rahman, 1993.

Dans chacune de ces deux situations, d'autres distinctions doivent être examinées :

1. **P** gagne en choisissant une attaque dans un cas **O** ou en défendant dans un cas **P** si et seulement s'il peut gagner au moins un des dialogues qu'il peut choisir.

2. Quand **O** peut choisir une défense dans un cas **O** ou une attaque dans un cas **P**, **P** peut gagner si et seulement s'il peut remporter tous les dialogues que **O** peut choisir.

Les règles de clôture habituelles pour les tableaux dialogiques sont les suivantes : une branche est close si et seulement si elle contient deux copies de la même formule atomique, une posée par **O** et l'autre par **P**. Un tableau pour **(P)**A (c'est-à-dire démarrant avec **(P)**A) est clos si et seulement si chaque branche est close. Ceci montre que les systèmes de stratégies pour les logiques dialogiques classique et intuitionniste ne sont rien d'autre que les systèmes de tableaux déjà parfaitement connus pour ces logiques.

Il est important de remarquer que, pour les systèmes de tableaux donnés, la reconstruction des dialogues ne correspond pas strictement aux étapes les unes à la suite des autres, mais plutôt aux rounds. Les tableaux sont une description métalogique des dialogues et cette description n'est pas une procédure dialogique en elle-même, mais décrit un processus dialogique fini.

Pour le système de tableau intuitionniste, on doit considérer les règles structurelles concernant la restriction sur les défenses. L'idée est assez simple : le système de tableau permet toutes les défenses possibles (même atomiques), mais dès que des formules **P** déterminées (négations, conditionnelle, quantificateur universel) sont attaquées, toutes les autres formules **P** seront éliminées. Clairement, si une attaque sur une assertion **P** cause la suppression des autres assertions, alors **P** peut seulement répondre à la dernière attaque. Ces formules qui obligent l'élimination du reste des formules **P** seront désignées par l'expression '$\sum_{[O]}$' qui se lie : l'ensemble $\sum$ □sauve les formules **O** et élimine les formules **P** qui ont été posées auparavant.

Cependant les tableaux résultant ne sont pas véritablement les mêmes que les tableaux standard. Une caractéristique particulière de ces jeux de dialogues est la règle formelle (RS-5) qui est responsable de la plupart des difficultés rencontrées dans la preuve d'équivalence entre la notion dialogique et la notion véri-fonctionnelle de validité. Le rôle de la règle formelle, dans ce contexte, est de produire des jeux où l'on génère un arbre affichant les stratégies de victoire (possibles) de **P**, les branches de ce type d'arbre ne contenant pas de redondances. Par conséquent, les règles formelles agissent comme un filtre contre toutes redondances et produisent un système de tableaux ayant un air de déduction naturel[38].

La façon de produire ces dialogues où la règle formelle s'applique pour les tableaux est assez simple : soit une branche finie dont chaque nœud contient une formule atomique qui n'a pas encore été utilisée pour clôturer la branche. Si c'est une formule **P** alors c'est une formule qui, dans le dialogue correspondant, ne peut pas être jouée à cause de la règle formelle. S'il s'agit d'une formule **O** et que la branche est close, alors il y a une formule redondante que la règle formelle éliminera (voir plus loin dans le paragraphe sur le calcul de séquents le rôle de la règle d'affaiblissement en relation avec les dialogues).

(§3.2)- **Tableaux classiques**

-Pour les particules :

Cas (**O**)	Cas (**P**)
$\sum$, (**P**)A∨B	$\sum$, (**P**)A∨B

---

[38] Voir Rahman/Keiff, 2004.

$\Sigma, <(\mathbf{P})?-\vee>(\mathbf{O})A \mid \Sigma,$ | $\Sigma, <(\mathbf{O})?-\vee>(\mathbf{P})A$
$<(\mathbf{P})?-\vee>(\mathbf{O})B$ | $\Sigma, <(\mathbf{O})?-\vee>(\mathbf{P})B$
───────────────────── | ─────────────────
$\Sigma, (\mathbf{O})A \wedge B$ | $\Sigma, (\mathbf{P})A \wedge B$

$\Sigma, <(\mathbf{P})?-L>(\mathbf{O})A$ | $\Sigma, <(\mathbf{O})?-L>(\mathbf{P})A \mid \Sigma,$
$\Sigma, <(\mathbf{P})-?R>(\mathbf{O})B$ | $<(\mathbf{O})?-R>(\mathbf{P})B$
───────────────────── | ─────────────────
$\Sigma, (\mathbf{O})A \rightarrow B$ | $\Sigma, (\mathbf{P})A \rightarrow B$

$\Sigma, (\mathbf{P})A \ldots \mid <(\mathbf{P})A>(\mathbf{O})B$ | $\Sigma, (\mathbf{O})A; \Sigma, (\mathbf{P})B$

$\Sigma, (\mathbf{O})\neg A$ | $\Sigma, (\mathbf{P})\neg A$
─────────────── | ───────────────
$\Sigma, (\mathbf{P})A; —$ | $\Sigma, (\mathbf{O})A; —$

-Pour les quantificateurs :

Cas (**O**) | Cas (**P**)

$\Sigma, (\mathbf{O})\forall x A$ | $\Sigma, (\mathbf{P})\forall x A$
───────────────────── | ─────────────────────
$\Sigma, <(\mathbf{P})?-\forall x/k_i>(\mathbf{O})A_{[x/ki]}$ | $\Sigma, <(\mathbf{O})?-\forall x/k_i>(\mathbf{P})A_{[x/ki]}$
 | k_i *est nouvelle*

$\Sigma, (\mathbf{O})\exists x A$ | $\Sigma, (\mathbf{P})\exists x A$
───────────────────── | ─────────────────────
$\Sigma, <(\mathbf{P})?-\exists>(\mathbf{O})A_{[x/ki]}$ | $\Sigma, <(\mathbf{O})?-\exists>(\mathbf{P})A_{[x/ki]}$
k_i *est nouvelle* |

- Si $\sum$ est un ensemble de formules dialogiquement étiquetées et X est une formule individuelle dialogiquement étiquetée, on écrit $\sum, X$ pour $\sum \cup \{X\}$.
- On remarquera que la formule sous la ligne représente toujours une paire de coups correspondant à une attaque et une défense. En d'autres termes, elles représentent des rounds (ou étapes de jeu).
- La barre verticale « | » indique alternativement pour les choix **O**, la stratégie selon laquelle **P** doit avoir une défense pour les deux possibilités (les jeux dialogiques définissent deux jeux possibles).
- Les règles produisant deux lignes indiquent que c'est **P** qui a le choix – et il peut alors n'avoir besoin que d'un seul des deux choix possibles.
- On remarquera que les expressions entre les symboles « < » et « > », telles que <(**P**)?> et <(**O**)?> sont des coups – plus précisément des attaques – et non pas des formules (assertions) qui peuvent être attaquées. Ces expressions ne font pas réellement partie du tableau. Ce sont des formules qui sont incluses dans l'ensemble de formules. Ces expressions constituent plutôt une partie du projet de reconstruction algorithmique des dialogues correspondants.

(§3.3)- Tableaux intuitionnistes

-Pour les particules :

Cas (**O**)	Cas (**P**)
Σ, (**P**)A∨B	Σ, (**P**)A∨B
---	---
Σ, <(**P**)?-∨>(**O**)A | Σ, <(**P**)?-∨>(**O**)B	$\Sigma_{[O]}$, <(**O**)?-∨>(**P**)A $\Sigma_{[O]}$, <(**O**)?-∨>(**P**)B
Σ, (**O**)A∧B	Σ, (**P**)A∧B
---	---
Σ, <(**P**)?-L>(**O**)A Σ, <(**P**)?-R>(**O**)B	$\Sigma_{[O]}$, <(**O**)?-L>(**P**)A | $\Sigma_{[O]}$, <(**O**)?-R>(**P**)B
Σ,(**O**)A→B	Σ, (**P**)A→B
---	---
$\Sigma_{[O]}$, (**P**)A ... | <(**P**)A>(**O**)B	$\Sigma_{[O]}$, (**O**)A; (**P**)B
Σ, (**O**)¬A	Σ, (**P**)¬A
---	---
$\Sigma_{[O]}$, (**P**)A; —	$\Sigma_{[O]}$, (**O**)A; —

-Pour les quantificateurs :

Cas (**O**)	Cas (**P**)
$\Sigma, (\mathbf{O}) \forall xA$	$\Sigma, (\mathbf{P}) \forall xA$
---------------------	---------------------
$\Sigma, <(\mathbf{P})\ ?\text{-}\forall x/k_i>(\mathbf{O})A_{[x/ki]}$	$\Sigma_{[O]}, <(\mathbf{O})\ ?\text{-}\forall x/k_i>(\mathbf{P})A_{[x/ki]}$
	k_i *est nouvelle*
$\Sigma, (\mathbf{O}) \exists xA$	$\Sigma, (\mathbf{P}) \exists xA$
---------------------	---------------------
$\Sigma, <(\mathbf{P})?\text{-}\exists>(\mathbf{O})A_{[x/ki]}$	$\Sigma_{[O]}, <(\mathbf{O})?\text{-}\exists>(\mathbf{P})A_{[x/ki]}$
k_i *est nouvelle*	

Les tableaux intuitionnistes sont produits en ajoutant l'ensemble $\Sigma_{[O]}$ (lequel ensemble contient seulement les formules étiquetées **O**) : la totalité des formules **P** précédentes se trouvant sur la même branche de l'arbre est éliminée.

DEFINITION :

On se penche maintenant sur deux exemples : l'un pour la logique classique et l'autre pour la logique intuitionniste. On utilise les arbres formés à partir des tableaux rendus populaires par Smullyan :

Si Θ est un ensemble donné de formules étiquetées (-**P**, ou -**O**), on dit qu'une des règles ***R*** précédentes du système des tableaux *s'appliquent à* Θ si, par un choix approprié de Θ, la collection des formules étiquetées au-dessus de la ligne dans les règles R devient Θ.

Par une application de ***R*** à l'ensemble Θ, on entend le remplacement Θ par Θ_1 (ou par Θ_1 et Θ_2, si ***R*** est (**P**∧), (**O**∨), ou (**O**→), où Θ est l'ensemble des formules au-dessus de la ligne des règles R (après les substitutions appropriées pour $\sum$, et pour les formules **A** (et **B**)) et Θ_1 (ou Θ_1 et Θ_2) est l'ensemble de formule sous la ligne. Cela suppose que ***R*** s'applique à Θ. Autrement le résultat est encore Θ. Par exemple, en appliquant la règle (**P**)$\rightarrow$ à l'ensemble Θ : {(**O**)**A**, (**P**)**B**, (**P**)(**C**$\rightarrow$**D**)} on peut avoir $\sum_{[O]} \cup \Theta_1$:{(**O**)**A**, (**O**)**C**, (**P**)**D**)}- on notera que (**P**)**B** disparaît parce qu'on a $\sum_{[O]}$ et pas $\sum$.

Par ***configuration***, on désigne une collection finie $\{\sum_1, \sum_2, ..., \sum_n\}$ d'ensembles de formules étiquetées, où $\sum$ peut représenter $\sum$ et/ou $\sum_{[O]}$.

Par ***application*** de ***R*** à une ***configuration*** $\{\sum_1, \sum_2, ..., \sum_n\}$, on désigne le remplacement de cette configuration par une nouvelle qui est comme la première à l'exception près qu'elle ne contient pas de $\sum_i$, mais le résultat (ou les résultats) de l'application des règles ***R*** à $\sum_i$.

Par **tableau**, on désigne une séquence finie de configurations $\mathfrak{C}_1, \mathfrak{C}_2, ..., \mathfrak{C}_n$ dans lesquelles chaque configuration, excepté la première, est le résultat de l'application des règles précédentes à la configuration qui précède.

Un ensemble de formules étiquetées est clos s'il contient (**O**)*a* et (**P**)*a* (pour *a* atomique). Une configuration $\{\sum_1, (\sum_2, ..., \sum_n\}$ est close si chaque $\sum_i$ est clos. Un tableau $\mathfrak{C}_1, \mathfrak{C}_2, ..., \mathfrak{C}_n$ est clos si quelque $\mathfrak{C}_i$ est clos.

Par un tableau pour l'ensemble $\sum$ de formules étiquetées on désigne un tableau $\mathfrak{C}_1, \mathfrak{C}_2, ..., \mathfrak{C}_n$ dans lequel $\mathfrak{C}_1$ est $\{\sum\}$.

Exemple :

    (**P**) $\Box \forall x(\neg\neg Ax \rightarrow Ax)$
    <(**O**) ?- $\forall x/k$>
    (**P**) $\neg\neg A_k \rightarrow A_k$

(**O**) $\neg\neg A_k$
(**P**) A_k
(**P**) $\neg A_k$
(**O**) A_k
Le tableau est clos : **P** gagne.

Le tableau intuitionniste suivant entraine l'utilisation de la règle d'élimination :

Exemple :

~~(**P**)~~ ~~$\forall x(\neg\neg Ax \rightarrow Ax)$~~
<(**O**)?- $\forall x/k$> ~~(**P**)_{[O]}~~ ~~$\neg\neg A_k \rightarrow A_k$~~
(**O**)_{[O]} $\neg\neg A_k$
~~(**P**)~~ ~~A_k~~
~~(**P**)~~ ~~$\neg A_k$~~
(**O**)_{[O]} A_k

Le tableau reste ouvert : **O** gagne.

On notera que <(**O**)?- $\forall x/k$ > n'a pas été éliminée. La règle d'élimination s'applique seulement à des formules. Il est important de prendre en compte cette considération en reconstruisant le dialogue correspondant.

Nous venons d'introduire les deux systèmes de logique formelle qui nous paraissent adéquats pour la tâche de reconstruction abstraite des formes d'argumentation défaisable propres aux traditions orales africaines ; tout au long de cette longue présentation, nous avons montré la pertinence et le caractère pratique de chacun d'eux quant à la fin globale qui est visée dans cette étude.

La Dynamique épistémique apparaît pertinente pour modéliser la non-monotonie de l'inférence lors de l'application des opérations de révision sur les ensembles de bases de connaissance. Quant à la

Dialogique, du fait qu'elle apparaît comme une alternative pragmatique aux approches preuve-théorétique et modèle-théorétique, et surtout de par son fonctionnement idéologique qui consiste à prendre la logique comme déploiement d'un discours argumentatif, de par ces deux caractères disons-nous, elle apparaît tout aussi bien comme cadre technique commode pour le traitement de notre objet.

Maintenant, avant de produire des tableaux dialogiques pour l'argumentation défaisable, nous allons montrer le cadre abstrait général pour cette argumentation. La Dialogique avec les opérations de révision en sera l'approche paradigmatique standard. Ce que nous allons de suite faire, c'est d'abord de construire ce cadre théorique général.

Chapitre V^è : La Structure abstraite de l'argumentation basée sur le langage proverbial $\mathscr{LP}$.

(§1) – <u>La non clôture déductive du langage.</u>

Les ensembles de propositions que nous utilisons – en particulier les ensembles de proverbes – ne sont pas clos sous la déduction classique ; et la dérivation que nous utiliserons dans nos inférences ne doit pas être stricte.

En effet, eu égard à toutes les implications contre-intuitives connues de la conséquence logique classique (infinité des conséquences, implication de l'ensemble infini des tautologies, etc.), nous faisons le choix plus naturel qui consiste à ne pas considérer les ensembles de sentences proverbiales en termes d'identiques aux ensembles de leurs conséquences ; tout au contraire, étant donné que certaines d'entre ces dernières peuvent vraisemblablement être des conséquences dérivées et non pas des conséquences immédiates, on choisira donc d'accorder aux ensembles des prémisses le statut de croyances de base. Quant à la dérivation, nous la préférons être non stricte en raison du fait qu'on peut toujours trouver des exceptions (ou contre-modèles) aux sentences proverbiales, de sorte qu'on arrive à défaire ou modifier le résultat des inférences qui reposent sur ces prémisses stratégiques que sont ces proverbes.

Et puis, à l'image des prémisses hypothétiques[39] qui sont défaisables dans les systèmes d'argumentation reposant sur la logique des défauts, nous considérons aussi les proverbes comme des propositions, certes générales et accordées comme vraies mais, défaisables. De plus, si nous considérons tout aussi bien leur forme syntaxique générique –

---

[39] A. Bondarenko, P. M. Dung, R. A. Kowalski, F. Toni, (1997); "An Abstract, Argumentation-Theoretic Approach to Default Reasoning", in *Artificial Intelligence*, Vol. 93, p 63-101, Elsevier.

telle que nous l'avions montrée ci-dessus – on peut également qualifier la prémisse proverbiale de conditionnel défaisable.

Maintenant nous présentons formellement le réquisit de la non-clôture comme suit :

Pour tout ensemble de proverbes $\Pi_\mathbb{P}$, on a : $\Pi_\mathbb{P} \neq Cn(\Pi_\mathbb{P})$. Et, soit une proposition α, telle que $\mathbb{P}_i \mid\sim$[40] α, on a :

- Soit $\alpha \in I(\mathbb{P}_i)$
- Soit $\alpha \in Cn[I(\mathbb{P}_i)] \setminus \mathbb{P}_i$ [α est une conséquence dérivée de l'interprétation de $\mathbb{P}_i$, indépendamment de $\mathbb{P}_i$ lui-même ; autrement dit, α est une conséquence non-immédiate de $\mathbb{P}_i$]

(§2)- La Structure d'argumentation avec usage de proverbes.

Soit $\Lambda_\mathbb{P}$ une *Structure d'argumentation usant de* proverbes et fondée sur une logique Non-Monotone $(\mathcal{L}, \mid\sim)$, qui consiste en $\langle W, \mathcal{L}_\mathbb{P}, *, \geq \rangle$ où :

- $W \subseteq \mathcal{L}$ (W est un ensemble d'*ebf* du langage propositionnel basique)
- $\mathcal{L}_\mathbb{P} = \{\mathbb{P}_i / \mathbb{P}_i \text{ est un proverbe}\}$ ($\mathcal{L}_\mathbb{P}$ est le langage proverbial)
- « * » est une *fonction de révision épistémique* définie sur les ensembles de propositions (qui applique des propositions individuelles à des ensembles de propositions), telle que :

Soit Γ un ensemble de propositions et δ une proposition individuelle ; si $\Gamma \cup \{\delta\} \mid\sim \bot$, alors $\Gamma * \{\delta\} = [(\Gamma \div \neg\delta)_\delta^+]$. Ce qui revient à dire que la *fonction de révision* est une application successive des opérations de

---

[40] Nous utilisons ce symbole « $\mid\sim$ » nommé "snack" pour noter une **inférence non stricte**, i.e une inférence qui n'est pas pleinement déductive.

contraction «÷» et d'*expansion* «+» sur les ensembles de propositions (voir Identité de Levi).

- «≥» une relation de *pertinence relative* définie sur les couples de proverbes aux conséquences opposées.

Définition 1: Un argument est une expression de la forme $\Gamma, \mathbb{P}_i \Rightarrow \mathfrak{C}_i$, où $\Gamma = \{\varphi_1, ..., \varphi_n\}$; $\mathbb{P}_i = \Phi \rightarrow \Psi$; $\mathfrak{C}_i = \psi_i$, avec au moins un $\varphi_i \in \Gamma$ tel que $\Phi \approx \varphi_i$ et $\Psi \approx \psi_i$. $\Gamma \cup \{\mathbb{P}_i\}$ constitue l'ensemble des prémisses de l'argument, tandis que $\mathfrak{C}_i$ en est la conclusion.

La *défection*, notée ici «↓» – qui est une relation définie sur l'ensemble des arguments présents dans un débat, et qui détermine le statut relatif de chaque argument – est pratiquement comprise à partir de la relation de *pertinence relative* entre proverbes aux conséquences contradictoires. Et, ceci est comme tel en raison du fait que le moment déterminant du conflit entre arguments se situe au niveau de la confrontation des proverbes apparaissant respectivement dans chacun des arguments en compétition. Maintenant, et ce naturellement, le statut d'un argument dépend du résultat de son interaction avec l'ensemble des autres arguments engagés dans une même controverse. Par exemple, dans un débat, on peut en présence des arguments A, B, C et D tels que A ↓ B, B ↓ C et D ↓ A : A *défait* B, B *défait* C et D *défait* A. Ce sera le résultat global de toutes ces relations binaires d'opposition entre arguments conflictuels, qui déterminera le statut définitif de chacun de ces derniers.

En nous réappropriant certains concepts génériques et communs des différents systèmes d'argumentation, nous disons qu'un argument a deux statuts possibles de manière alternative : (a) soit il est justifié, (b) soit il est non justifié. L'argument est justifié s'il n'est défait par aucun autre argument, ou bien lorsqu'il est rétabli par un argument justifié (après une défection antérieure). Et il est non justifié lorsqu'il est défait et n'est rétabli par aucun argument justifié.

(1) *Le Conflit* : deux argument A et B sont en relation conflictuelle lorsque $conc(A) = \neg\, conc(B)$.

(2) *La Défaite* : Un argument A défait un argument B ($A \downarrow B$) si et seulement si $\mathbb{P}_i \geq \mathbb{P}_j$ avec respectivement, $\mathbb{P}_i \in prem(A)$ et $\mathbb{P}_j \in prem(B)$.

Étant donné que la défaite a lieu essentiellement au niveau du rapport entre proverbes occurrent dans des arguments en compétition, et sachant que ces proverbes sont des prémisses stratégiques dans la structure interne des arguments, on déduit alors que les attaques se font essentiellement sur le mode de l'*undercutting* ; c'est-à-dire que l'attaque consiste en la neutralisation d'une proposition stratégique dans les prémisses de l'argument adverse. Il est plus précisément question ici de neutralisation d'un proverbe, apparaissant dans un argument, par un contre proverbe occurrent dans un contre argument. Nous schématisons le conflit et la défection qui en découle de la façon suivante :

- Soit un argument A tel que A: $\{\varphi_1, ..., \varphi_n\}, \mathbb{P}_i \Rightarrow \psi$; un contre argument B sera de la forme B : $(\{\varphi_1, ..., \varphi_n\} \cup \mathbb{P}_i)^*{}_{\mathbb{P}j} \Rightarrow \neg\psi$, où $\{\mathbb{P}_i, \mathbb{P}_j\} |\sim \bot$, c'est-à-dire qu'il y a au moins un $\alpha \in I(\mathbb{P}_i)$ et un $\bar{\alpha} \in I(\mathbb{P}_j)$. Et, étant donné que, suivant le principe de défection basé sur la relation de pertinence relative $\mathbb{P}_j \geq \mathbb{P}_i$, la structure profonde de l'argument B est alors la suivante :

- B : $[(\{\varphi_1, ..., \varphi_n\} \cup \{\mathbb{P}_i\}) \div \neg \mathbb{P}_j]^+{}_{\mathbb{P}j} \Rightarrow \neg\psi$. Mais puisque $\mathbb{P}_i = \neg \mathbb{P}_j$, alors B : $[(\{\varphi_1, ..., \varphi_n\} \cup \mathbb{P}_i) \div \mathbb{P}_i]^+{}_{\mathbb{P}j} \Rightarrow \neg\psi$. Expliquons cette formation du contre argument B.

Repartons à la base pour dire que dans le cadre des cultures orales, argumenter revient à soutenir une thèse à partir de certaines prémisses parmi lesquelles, les plus stratégiques sont les propositions proverbiales. Conséquemment, construire un contre argument revient à convoquer le poids de rationalité tout aussi stratégique d'un contre proverbe, de sorte à annihiler la force de dérivation du proverbe de l'argument adverse. Formellement cela revient à faire provoquer une révision au sein des prémisses de cet argument adverse dont l'élément à soustraire n'est autre que son proverbe $\mathbb{P}_i$. Voilà pourquoi dans le processus de révision, la prémisse qui est neutralisée c'est ce $\mathbb{P}_i$ adverse. Mais – pourrait-on se demander – pourquoi cette exclusivité de la zone d'attaque choisie par le contre argument ?

Comprendre la raison de cette astuce dans la contre-argumentation appelle juste à se rappeler que culturellement, l'élément stratégique qui donne à l'argument le poids de rationalité requis n'est autre que sa prémisse proverbiale. Et donc, la réfutation victorieuse d'un argument passe nécessairement par l'annihilation de son proverbe. Ainsi peut-on expliquer basiquement l'intérêt stratégique de la neutralisation du proverbe d'un argument à défaire. Maintenant, bien que nous ayons précédemment affirmé que la réfutation s'effectue systématiquement sur le mode de l'*undercutting*, ceci demande quand même quelques nuances.

Ce que d'ordinaire on désigne par « *Undercutting* » – dans les systèmes logiques de l'argumentation – signifie un type d'attaque sur une règle d'inférence de l'argument adverse. L'Undercutting consiste à affaiblir un argument adverse en minant sa règle d'inférence. Et, dans le cas des arguments usant des sentences proverbiales, la neutralisation de ces dernières est du même type qu'une attaque sur un conditionnel défaisable, c'est-à-dire une attaque sur une proposition générale (considérée comme vraie) ayant la forme syntaxique d'un conditionnel. Et, étant donné que ces proverbes sont des propositions dont la généralité a été construite inductivement – au fil d'un processus plus ou moins long d'observation et de synthèse de l'expérience – il devient légitime de les assimiler à des conditionnels défaisables. Et donc, défaire un argument en neutralisant sa prémisse proverbiale revient à pratiquer une attaque par undercutting au sens propre de cette notion. Nous pourrions encore préciser le point suivant :

Selon les configurations structurelles particulières des arguments, une attaque peut être indirecte, dans le sens où celle-ci peut porter sur un sous argument de l'argument adverse. Par exemple, plutôt que d'attaquer directement l'expression propositionnelle propre d'un proverbe, on peut neutraliser une de ses conséquences et ainsi défaire cet argument en entier. L'exemple du débat précédent repris en détail va nous le montrer.

Soit nos deux agents épistémiques X et Y engagés dans la controverse ; on a :

<u>Forme de l'argument de X</u> : Γ; $\mathbb{P}_i \Rightarrow \mathfrak{C}_i$. Nous avons disséqué la structure de cet argument de la manière suivante $\Gamma = \{\varphi, \psi_i\}$; le proverbe $\mathbb{P}_i = \psi \rightarrow \gamma$ et la conclusion $\mathfrak{C}_i = \gamma_i$. Ce qui a donné l'écriture complète de l'argument de X comme suit : $[(\varphi \wedge \psi_i) \wedge (\psi \rightarrow \gamma)] \Rightarrow \gamma_i$.

<u>Forme de l'argument de Y</u> : Γ', $\mathbb{P}_j$, $\chi \Rightarrow \mathfrak{C}_j$ (avec $\mathbb{P}_j \geq \mathbb{P}_i$). Nous avons disséqué de même les prémisses comme suit : $\Gamma' = \Gamma \cup \{\mathbb{P}_j\}$; $\mathbb{P}_j = \omega \rightarrow \neg\delta$ et une extra prémisse qui est telle que $\omega = \psi_i$. Par ailleurs, par principe on sait que $\neg\delta \supset \neg\gamma$, c'est-à-dire qu'à partir d'un témoignage considéré comme non crédible on ne peut condamner un prévenu ; enfin la conclusion $\mathfrak{C}_j = \neg\gamma$. Ce qui nous a donné la forme détaillée suivante de l'argument de Y : $[((\varphi \wedge \psi_i) \wedge (\psi \rightarrow \gamma)) \wedge ((\omega \rightarrow \neg\delta) \wedge (\psi_i = \omega))] \Rightarrow \neg\gamma_i$. Et nous pouvons expliquer les étapes de cet argument comme suit :

En vertu de l'identification de ψ_i à ω introduite par une extra prémisse (c'est-à-dire la proposition que « *tous ceux qui témoignent contre Y sont tous des jeunes enfants* »), et par l'intervention du proverbe $\omega \rightarrow \neg\delta$, on tire que $\psi_i \rightarrow \neg\delta$ (*les témoignages à charge ne sont pas crédibles*). Et, sachant que par principe $\neg\delta \supset \neg\gamma$ (à partir d'un témoignage non crédible on peut condamner), on déduit, par transitivité du conditionnel, que $\neg\gamma$ (*Y n'est pas coupable*).

Ici, certes le contre argument que propose Y débouche sur une conclusion contradictoire de celle de l'argument de X, mais l'attaque n'a pas porté directement sur le proverbe $\mathbb{P}_i = \psi \rightarrow \gamma$ de A. Car, en regardant attentivement, le contre proverbe $\mathbb{P}_j = \omega \rightarrow \neg\delta$ qui apparaît dans l'argument de Y, n'est pas une sentence directement contradictoire de $\mathbb{P}_i$. Ce n'est qu'au niveau des conséquences respectives de ces deux proverbes concurrents que se produit la contradiction. C'est « $\neg\delta$ », le conséquent de $\mathbb{P}_j$, qui entraîne $\neg\gamma$, c'est-à-dire la contradictoire du conséquent de $\mathbb{P}_i$. C'est une conséquence du proverbe $\mathbb{P}_j$ qui annihile l'action du proverbe $\mathbb{P}_i$. Ici, on a donc bien un cas de défection par attaque indirecte. Maintenant, pour ce qui est de l'apport de l'extra prémisse « $\psi_i = \omega$ » qui a été introduite et qui a permit l'appel du contre proverbe $\mathbb{P}_j$, nous en parlerons lorsque nous tenterons une adaptation au cadre de la Logique Dialogique. Pour l'instant, nous allons maintenant discuter la question des extensions des ensembles d'arguments qui touche à l'existence des points fixes.

(§3)- **Extensions des ensembles d'arguments.**

Un argument peut être défait tout en gardant sa plausibilité, c'est-à-dire son poids de rationalité. Ceci est comme tel parce que le but de l'argumentation n'est pas tant de découvrir la vérité mais plutôt d'asseoir rationnellement une thèse. Un argument est dit valide lorsque sa conclusion suit d'une logique stricte à partir de ses prémisses. Et, lorsqu'on raisonne dans un domaine d'application particulier, certains critères entrent en ligne de compte, qui permettent de déterminer le degré de plausibilité d'un argument. Suivant les domaines, théoriques ou pratiques d'application, dépendent ces principes de raisonnement et les règles de priorité dans le processus de l'inférence.

Maintenant, une suite d'arguments soutenant une conclusion commune représente le processus rationnel de construction d'un point de vue.

C'est ce qui explique, en partie, le fait qu'un débat ne soit pas souvent clos formellement. La victoire lors d'une controverse n'est pas souvent formelle, mais elle est de fait, relative à la situation particulière d'argumentation. La manière de construire une stratégie formelle de victoire consisterait à démontrer l'effectivité d'une inconsistance dans l'ensemble des arguments de la partie adverse. Cela passerait par le choix d'une *Interprétation* qui, appliquée à différents proverbes de la partie adverse, donnerait des conséquences mutuellement inconsistantes. Voici comment nous présentons ce réquisit d'inconsistance pour la clôture formelle d'un débat argumentatif.

Soit X et Y, deux parties opposées dans une controverse. $\langle \Sigma_A, X \rangle$ est l'Argumentaire de X, c'est-à-dire l'ensemble des arguments que X propose tel que $\langle \Sigma_A, X \rangle = \{\Gamma^i \cup \mathbb{P}_i \Rightarrow \mathfrak{C}_i \ / \ \mathfrak{C}_i = \mathfrak{C}_1\}$; et $\langle \Sigma_A, Y \rangle$ est respectivement l'argumentaire de Y tel que $\langle \Sigma_A, Y \rangle = \{(\Gamma^j)^*_{\mathbb{P}_j} \Rightarrow \mathfrak{C}_j \ / \ \mathfrak{C}_j = \mathfrak{C}_2\}$. Pour que Y gagne formellement la controverse, il faut qu'il arrive à montrer que $\langle \Sigma_A, X \rangle \mid\sim \bot$. Or, étant donné que les arguments ont comme prémisses stratégiques les **propositions primitives** que sont les proverbes, et que les attaques ont lieu essentiellement sur ces derniers, la tâche de Y revient à montrer l'inconsistance induite par l'ensemble d'interprétation des proverbes apparaissant dans l'Argumentaire de X.

Considérons alors $\Pi_{\mathbb{P}_i}$ et $\Pi_{\mathbb{P}_j}$ respectivement comme l'ensemble des proverbes utilisés par X et par Y dans leurs lignes argumentatives. Nous notons la condition d'incohérence argumentative comme suit :

- S'il y a une *Interprétation* (parlons plus correctement de lecture interprétative) définie sur l'ensemble des proverbes de $\langle \Sigma_A, X \rangle$, telle que $I(\Pi_{\mathbb{P}_i}) \mid\sim \bot$, alors le débat clôt formellement et X perd la partie. Et ceci nous conduit tout naturellement à définir la notion d'extension d'arguments.

Définition 2. Soit α un argument ; E_i est une extension acceptable de α si et seulement si :

- $conc(\alpha) = conc(\beta_i)$ pour $\forall \beta_i \in E_i$

Plus simplement on dira que E_i est une extension acceptable de α *ssi :*
$E_i = \{\beta_i \in \text{args.} \;/\; conc(\beta_i) = conc(\alpha)\}$

La définition énonce la condition d'*unicité de la conclusion* pour les arguments appartenant à une même extension, c'est-à-dire l'unicité de la thèse défendue par un argumentaire donné.

On peut remarquer ici que la première extension d'un argument c'est d'abord cet argument lui-même. De plus, un argumentaire représente une extension acceptable d'un argument, au sens où, l'ensemble des arguments utilisés par un agent pour soutenir un point de vue est effectivement une extension pour un argument individuel qui soutient la même conclusion que ledit ensemble.

Nous arrivons maintenant à une étape essentielle de notre travail qui consiste à poser la question de l'existence (ou non) des extensions maximales ou stables d'arguments. C'est-à-dire que nous voulons investir l'équivalent de ce qui est autrement appelé « *point-fixe* », et qui marque une limite supérieure au-delà de laquelle un ensemble d'arguments ne peut plus croître, et donc une limite supérieure au développement d'une ligne argumentative.

En partant de l'hypothèse que, à chaque moment t_i du temps, les ressources du langage proverbial sont en nombre limité et que pour chaque thème et objet de réflexion, il ne peut y avoir qu'un nombre fini de proverbes capables de subsumer les cas particuliers discutés et qui permettent d'en tirer des informations, il apparaît alors que les arguments constructibles à partir de ces ressources ne peuvent être qu'en nombre limité aussi. Ce qui signifie qu'autour d'une thèse, il peut avoir un ensemble maximal d'arguments, une sorte d'extension limite au-delà de laquelle on tombe dans l'absurdité. Les extensions d'arguments atteignent donc une limite supérieure en raison de la limitation des ressources cognitives et épistémiques de base à disposition.

Mais alors, comment définissons-nous ce qu'est une extension maximale d'un ensemble d'arguments, et comment procédons-nous pour construire cette extension maximale ?

Définition 3 : Une extension maximale E_Δ pour un argument α, est telle que :

- pour toute extension acceptable E_i pour α, on a $E_i \subseteq E_\Delta$ et il n'existe aucune extension acceptable E'_Δ pour α, telle que $E_\Delta \subseteq E'_\Delta$

Propriétés remarquables des extensions maximales des ensembles d'arguments.

Soit α un argument et E_Δ un ensemble quelconque d'arguments. Si les conditions suivantes sont remplies :

- E_Δ est libre de tout conflit

- $E_i \subseteq E_\Delta$ pour toute E_i telle que $\alpha \in E_i$, alors $E_\Delta = \bigcup_{i=1}^{n} E_i$ et E_Δ est l'extension maximale pour α.

Chapitre VI^è : Argumentation avec usage des proverbes. Adaptation au cadre dialogique.

Précisons, d'entrée, que nous sommes ici dans le cadre de la non-monotonicité (en vertu de la défaisabilité des arguments). Les dialogues sont donc de type matériel, dont l'ensemble des pré-conditions constitue un modèle, ou une sorte d'oracle auquel les protagonistes pourront référer en cas d'introduction d'énoncés atomiques contingents (mais qui pourraient s'avérer stratégiques pour le gain du dialogue). Le modèle guidera donc le déroulement de chaque dialogue de sorte que les stratégies de victoire en dépendront.

Cette précision étant faite, nous allons de suite présenter les quelques aménagements du cadre dialogique tels que l'adaptation de notre structure d'argumentation défaisable l'imposait.

(§1)- Règles structurelles

Nous aménageons naturellement le cadre dialogique relativement au type d'action que nous voulons y effectuer. Et, en l'occurrence, nous allons reconsidérer la règle structurelle de gain d'un dialogue ; de même que nous ajouterons une nouvelle règle qui va prendre en charge la possibilité d'introduction d'extra-prémisses au cours d'un débat argumentatif, tout en situant certaines contraintes de limitation qui accompagneront ladite règle.

> ➢ Règle d'introduction d'extra-prémisses :

(a)- Seul l'**Opposant** est autorisé à introduire une extra-prémisse qui n'est pas un proverbe mais, qui devra toujours être accompagnée d'un proverbe – au cas où le besoin se fait sentir de l'introduire – Mais il ne peut le faire qu'une seule fois. Cette extra prémisse ne pourra être attaquée par le **Proposant** qu'après son introduction dans le cours du dialogue par l'Opposant – au cas où ce dernier l'aurait effectivement introduite – (voir explications dans la remarque ci-dessous).

(b)- Chacun des joueurs X et Y est en principe autorisé à introduire un proverbe ou un contre-proverbe à chaque étape du dialogue, tiré du *background knowledge* culturel communément reconnu des deux partie (X et Y) engagées dans le débat.

➢ Gain d'un dialogue :

Le joueur X (Y, respectivement) qui, après un nombre supposé maximal de coups – de part et d'autre des protagonistes – réussit à maintenir la thèse qu'il promeut (c'est-à-dire la formule indiquant la conclusion de son argument ou son contre-argument, selon le rôle assumé dans le jeu), en même temps que son dernier coup réussit à défaire le dernier argument de l'adversaire, gagne le dialogue[41].

➢ Validité d'un argument défaisable usant de proverbes.

Un argument défaisable est dialogiquement valide si et seulement si, les conditions générales du dialogue mettent à disposition du proposant une stratégie de

---

[41] Cette règle se présente comme telle en raison du fait qu'ici, les dialogues portent, non pas comme dans le cas standard sur de simples formules mais, sur des arguments. De plus, la charge de la preuve revient au promoteur de l'argument en jeu. Lorsqu'un joueur attaque en introduisant un contre-proverbe (ou une extra-prémisse ordinaire annexée d'un contre-proverbe, respectivement), ce dernier est tenu de montrer le processus par lequel il arrive à sa contre-conclusion.
En somme, dans les jeux dialogiques portant sur des arguments défaisables, la charge de la preuve alterne régulièrement de camp, suivant l'état du jeu ; c'est-à-dire suivant les coups joués instantanément à chaque round.

victoire sur cet argument. C'est-à-dire, quels que soient les coups (attaques) joués par l'Opposant, le Proposant trouvera toujours dans les conditions générales du dialogue, la ressource argumentative pertinente pour défaire les contre-arguments de l'Opposant[42].

Définition 4 : Stratégie de victoire : une stratégie de victoire est l'ensemble combiné des plans de jeu contenus dans les conditions générales du dialogue, et qui permettent à un joueur de défaire tous les arguments de son adversaire dans ce dialogue. Ce qui veut dire que la stratégie de victoire est essentiellement dépendante du modèle que constituent les conditions générales du dialogue.

Remarque : La règle (a) concernant l'introduction d'une extra-prémisse ordinaire [R S1' (a)] correspond au fait que, dans une controverse, la partie qui introduit le débat énonce généralement – du moins, est supposée le faire – tous les éléments utiles à asseoir sa position, omettant souvent une ou plusieurs précisions de détail qui pourraient affaiblir cette position. De même, dans un antagonisme d'ordre juridique, la partie plaignante (celle qui introduit le débat) est supposée présenter dès l'entame, tous les éléments d'accusation permettant de soutenir sa plainte. Il n'est donc pas question qu'au cours des échanges argumentatifs, cette partie plaignante introduise encore de nouveaux énoncés, en arguant qu'elle les aurait omis lors de la présentation initiale de sa plainte. Ceci est en somme la motivation non pas logique, mais éthique et idéologique, qui sous-tend cette restriction formelle relative à l'introduction d'extra-prémisses, sous laquelle joue le Proposant.

D'autre part, pour approcher les conditions idéales d'équilibre d'un débat, il est nécessaire d'accorder au contradicteur la possibilité

---

[42] Ici il est aisé de voir que la validité est relative au modèle que constituent les conditions générales du dialogue. Ces condition forment ce qu'on pourrait appeler un oracle, dont la fonction serait de mettre à disposition de chaque joueur, la ressource argumentative nécessaire pour établir ou rétablir son argument à chaque étape du débat dialogique (la défection d'un argument adversaire revenant exactement à l'établissement d'un contre-argument).

d'apporter le ou les détails de précision manquant (supposés omis par l'accusateur/Proposant) en introduisant une seule extra prémisse. De plus, l'impossibilité pour le Proposant d'attaquer cette extra prémisse tient simplement du fait qu'on ne peut attaquer (réfuter ou contester) un propos qui n'est pas encore effectivement énoncé par un protagoniste, quoique l'existence de cet énoncé soit préalablement supposée comme l'une des conditions matérielles du dialogue. De fait, gardons à l'esprit que nous sommes dans le cadre de dialogues matériels et des processus d'argumentation non-monotoniques.

Pour ce qui est de la règle de victoire dans un dialogue, la condition portant sur la maximalité des coups joués de part et d'autre des protagonistes, exprime simplement ce que nous avions précédemment appelé des « *extensions maximales ou stables d'arguments* », au sens où, les configurations idéelles optimales d'un échange argumentatif requièrent l'hypothèse suivant laquelle la victoire arriverait au terme de l'utilisation de la totalité des ressources argumentatives à disposition de chaque protagoniste. Ainsi, la stratégie de victoire est certes définie par une sorte de modèle restreint, c'est-à-dire un ensemble de conditions générales du dialogue, mais il demeure quand même que sous ces conditions une stratégie de victoire est constructible. Ce qui nous conduit maintenant à définir clairement ce qu'est une stratégie de victoire.

Remarque à propos des stocks de proverbes.

Tout point de réflexion, toute thèse est potentiellement raccordable à deux ensembles – mutuellement exclusifs – de sentences proverbiales pouvant entraîner des conclusions opposées. Dit autrement, chaque thèse peut être, soit soutenue, soit attaquée ; et chacune de ces actions, rapportée à ladite thèse, se fait au moyen de proverbes pour ou contre cette thèse.

Les ensembles de proverbes constituent les ressources argumentatives qu'utilisent les agents engagés dans un débat, autour d'un point de controverse déterminé. Cependant, en pratique, les agents discursifs qui utilisent ces ressources argumentatives ne les ont pas toutes présentes à l'esprit avant de débuter une controverse. C'est bien au fil de cette dernière, et suivant les configurations successives du débat, que les différentes ressources sont convoquées et mises à contributions. Tout comme un juriste sait qu'il y a un corps de règles juridiques régissant un domaine précis de l'activité sociétale – corps de règles utiles à la régulation et à la normalisation des cas de conflit d'intérêts – de même l'agent discursif sait qu'il y a un corpus de proverbes utiles pour la promotion et la défense d'une position théorique ou morale donnée. Mais avant l'entame effective d'une controverse, ledit agent ne peut déterminer de façon exhaustive, quelle sentence proverbiale interviendra avant l'autre dans le débat ; tout dépendra de la configuration instantanée du débat. C'est suivant ce contexte minimal d'argumentation qu'on déterminera la sentence proverbiale adéquate à convoquer sur le moment pour établir ou rétablir une position qu'on tend à soutenir.

Cette précision sur les stocks de proverbes (à disposition des argents discursifs qui en font usage aux fins d'argumenter des thèses) importait d'être faite car, elle aidera maintenant à saisir la raison pour laquelle, du point de vue formel, lorsque nous allons présenter nos tableaux dialogiques pour l'argumentation défaisable, nous ne pourrons pas noter les ensembles de proverbes comme des prémisses ordinaires d'un dialogue matériel, mais plutôt comme des conditions générales sur le cadre du dialogue. Nous ne présenterons pas les ensembles de proverbes de manière extensive, mais plutôt sous forme compréhensive, comme des touts déjà constitués, à partir desquels chaque joueur pourra tirer la sentence adéquate en temps opportun.

➢ Attaque d'un argument :

Dans un tableau dialogique, la contestation d'un argument se fait comme suit :
- (i) On peut concéder les prémisses de l'adversaire tout en demandant la preuve de la conclusion.

- (ii) Si c'est l'opposant qui joue pour contester l'argument de la thèse centrale du dialogue, il peut introduire une extra prémisse (qui aura une occurrence en tant qu'hypothèse de départ du dialogue), suivi d'un proverbe à son avantage. Mais il peut aussi évoquer directement un contre-proverbe qu'il adjoindra aux prémisses de l'argument, de sorte à y imposer une révision.

Formellement nous présentons cette règle comme suit :

Assertion ⟨ ! ⟩	Attaque ⟨ ? ⟩	Défense ⟨ ! ⟩
$X\text{-}!\text{-}\Gamma, \mathbb{P}_i \Rightarrow \mathfrak{C}_i$	(1) : $Y\text{-}!\text{-}\Gamma'$ [$\Gamma' = \Gamma \cup \mathbb{P}_i$] (2) : $Y\text{-}!\text{-}(\Gamma')^*\mathbb{P}_j$	($1'$) : $X\text{-}!\text{-}\mathfrak{C}_i$ ($2'$) : $X\text{-}?_*$

Explication de ce tableau : D'un point de vue dialogique, il y a deux possibilités de challenge sur un argument usant de proverbes comme d'éléments stratégiques pour la dérivation :

- (1)- Y peut concéder l'ensemble des prémisses et demander la preuve de la conclusion à X.
- (2)- Deuxième possibilité consiste pour Y à introduire l'extra-prémisse suivi d'un contre proverbe ; possibilité strictement limitée au cas où Y est l'Opposant dans le dialogue. Sinon, Y peut directement introduire un contre-proverbe dans les prémisses de l'argument en imposant une révision. Ce qui lui permettra de dériver défaisablement une contre-conclusion.

À chacune de ces possibilités de challenges formels correspond une possibilité de défense formelle :

- (1')- X doit se défendre en montrant l'effectivité de $\mathfrak{C}_i$. Si X est le proposant, il ne pourra se défendre avec $\mathfrak{C}_i$ qu'à condition que cette formule ne soit pas atomique. Sinon, X est obligé de contrattaquer sur la concession que vient d'effectuer Y (comme cela se passe ordinairement dans les dialogues standard lorsque le défenseur joue sous la restriction formelle, c'est-à-dire ne peut introduire de proposition atomique).
- (2')- X doit contrattaquer en demandant à Y de préciser le résultat de sa révision.

Maintenant, lorsqu'il s'agit d'attaquer une sentence proverbiale en tant que formule complexe individuelle, le challenge consistera à demander l'effectivité d'une relation d'analogie entre les composantes (antécédent et conséquent) du proverbe et les autres formules (prémisses et conclusion) de l'argument au sein duquel se trouve ce proverbe. Et, étant donné que la forme syntaxique générique du proverbe se donne dans le type d'une implication « $\Phi \rightarrow \Psi$ », le challenger demandera donc, à la fois « $?\approx_\Phi$ » et « $?\approx_\Psi$ ».

Considérons un argument quelconque $\alpha \in$ Arg., tel $\alpha : \Gamma, \mathbb{P}_i \Rightarrow \mathfrak{C}_i$, où $\Gamma = \varphi_1 \wedge \ldots \wedge \varphi_n$, $\mathbb{P}_i = \Phi \rightarrow \Psi$ et $\mathfrak{C}_i = \delta_i$. L'assertion et le challenge sur la formule proverbiale – c'est-à-dire l'établissement de la sémantique locale autour du proverbe – dans un contexte dialogique minimal d'argumentation, se présente comme suit :

Assertion $\langle\,!\,\rangle$	Attaque $\langle\,?\,\rangle$	Défense $\langle\,!\,\rangle$
X-!- $\Phi \rightarrow \Psi$	(1): Y-?$\approx \Phi$	(1') : X-!- $\Phi \approx (\varphi_1 \vee \ldots \vee \varphi_n)$
	(2): Y-?$\approx \Psi$	(2') : X-!-$\Psi \approx \delta_i$.

(§2)- **Règles de particules.**

Toutes les règles de particules standards sont conservées ; nous ajoutons seulement celles relatives à l'opération de révision. Et, comme précédemment indiqué, la révision épistémique « ∗ », définie sur les ensembles de propositions, s'analysait en une application successive des opérations de *contraction* « ÷ » et d'*expansion* « + » sur les ensembles propositionnels lorsqu'il était question d'éviter l'inconsistance ; et on présentait les choses comme suit :

- si $\Gamma \cup \{\delta\} \mathrel{|\!\sim} \bot$, alors $\Gamma * \{\delta\} = [(\Gamma \div \neg \delta)^{+}{}_{\delta}]$

- Ce qui revient à dire que dans nos tableaux dialogiques nous aurons à établir la sémantique locale du foncteur ∗ comme suit :

Assertion ⟨ ! ⟩	Attaque ⟨ ? ⟩	Défense ⟨ ! ⟩
X-!- $\Gamma * \{\delta\}$	Y-?$_*$	X-!- $(\Gamma \div \neg \delta)^{+}{}_{\delta}$
X-!- $\Delta^{+}{}_{\delta}$	Y-?$_+$	X-!- $\Delta \cup \{\delta\}$

(§3)- **Quelques exemples de tableaux dialogiques autour d'arguments usant de proverbes.**

Nous allons maintenant montrer, au moyen d'illustrations dans des tableaux dialogiques, les différentes possibilités d'interactions autour d'arguments usant de proverbes. Et, les conditions générales sur le cadre d'un dialogue sont toujours supposées comme suit :

(1) $\Pi_{\mathbb{P}i} = \{\mathbb{P}_i \in \mathcal{L}_\mathbb{P} \ / \ \mathbb{P}_i \in \langle \Sigma_A, \mathbf{P}\rangle\}$ ($\Pi_{\mathbb{P}i}$ est l'ensemble total des proverbes apparaissant dans l'argumentaire $\langle \Sigma_A, \mathbf{P}\rangle$ de **P**. Autrement dit, $\Pi_{\mathbb{P}i}$ est l'ensemble des proverbes qu'utilise **P** à chacun de ses coups d'argumentation).

(3) $\Pi_{\mathbb{P}j} = \{\mathbb{P}_j \in \mathcal{L}_\mathbb{P} \ / \ \mathbb{P}_j \in \langle \Sigma_A, \mathbf{O}\rangle\}$ (Respectivement, $\Pi_{\mathbb{P}j}$ est l'ensemble total des proverbes apparaissant dans l'argumentaire $\langle \Sigma_A, \mathbf{O}\rangle$ de **O**).

(4) $\chi \in prem(\alpha)$ (χ est l'éventuelle extra-prémisse que pourrait introduire O en cas de besoin, et qui sera toujours accompagnée d'un proverbe.

Les conditions 1 et 2 indiquent que $\Pi_{\mathbb{P}i}$ et $\Pi_{\mathbb{P}j}$ sont les ensembles des proverbes qui apparaissent respectivement dans l'argumentaire de **P** et celui de **O**. La condition 3 indique simplement l'hypothèse d'une extra-prémisse que pourrait introduire **O**.

1ère Possibilité : Challenge par concession des prémisses.

	O		**P**	
			$(\varphi_i \wedge \psi_i), (\Phi \to \Delta) \Rightarrow \delta_i$	0
1	$? \approx \Phi$	0	$\Phi \approx \varphi_i$	2
3	$? \approx \Delta$	0	$\Delta \approx \delta_i$	4
5	$(\varphi_i \wedge \psi_i) \wedge (\Phi \to \Delta)$	0	δ_i ☺	14

7	$\varphi_i \wedge \psi_i$	5	$?\wedge_1$	6
9	φ_i	7	$?\wedge_1$	8
11	$\Phi \to \Delta$	5	$?\wedge_2$	10
13	$[\Delta \approx \delta_i]$ δ_i	11	φ_i $[\Phi \approx \varphi_i]$	12

** Le **Proposant** gagne ce dialogue basique en ce contentant de montrer l'effectivité de la conclusion de son argument, après que l'**Opposant** lui ait accordé la concession de toutes ses prémisses. La stratégie se joue ici, au moment où l'Opposant demande au Proposant de lui donner une lecture interprétative de son proverbe (coups 1 et 3 de l'Opposant) ; ce que fait le Proposant et ainsi arrive-t-il à dériver naturellement sa conclusion en la rattachant, par le moyen de l'analogie, à certaines de ses prémisses.

Notons que cette première possibilité de challenge, qui est de fait basique, a pour visée essentielle de montrer comment on construit dialogiquement la conclusion d'un argument qui utilise des proverbes dans ses prémisses.

2^è possibilité : Challenge par Révision sur les prémisses (au moyen d'un contre proverbe) :

Cas de défection d'un argument.

O	P

			$(\varphi_i \wedge \psi_i), (\Phi \to \Delta) \Rightarrow \delta_i$	0
1	$[(\varphi_i \wedge \psi_i), (\Phi \to \Delta)]^*_{(\Psi \to \neg \Delta)} \Rightarrow \neg \delta_i$ 0			
3	$[((\varphi_i \wedge \psi_i), (\Phi \to \Delta)) \div (\Phi \to \Delta)]^+_{\Psi \to \neg \Delta} \Rightarrow \neg \delta_i$ 0	1	$?_*$	2
5	$(\varphi_i \wedge \psi_i), (\Psi \to \neg \Delta) \Rightarrow \neg \delta$	3	$?_+$	4
7	$\Psi \approx \psi_i$	5	$? \approx \Psi$	6
9	$\Delta \approx \delta_i$	5	$? \approx \Delta$	8
		5	$(\varphi_i \wedge \psi_i), (\Psi \to \neg \Delta))$	10
11	$? \wedge_1$ 10		$\varphi_i \wedge \psi_i$	12
13	$? \wedge_2$ 12		ψ_i	14
15	$? \wedge_2$ 10		$\Psi \to \neg \Delta$	16
17	$[\Psi \approx \psi_i]$ ψ_i 16		$\neg \delta_i$ $[\Delta \approx \delta_i]$	18
19	δ_i ☺ 18			

** L'**Opposant** gagne ce dialogue ; il réussit à défaire l'argument du **Proposant** en introduisant un **contre-proverbe** dans les prémisses de l'argument, de sorte qu'il impose une *révision épistémique* sur ces prémisses et entraîne par la suite la dérivation d'une autre conclusion (en fait, d'une contre-conclusion). Cette deuxième possibilité de challenge montre le processus de *défection d'un argument*. Ce challenge procède par contre-argumentation, au moyen d'un contre-proverbe qui permet d'inférer une contre-conclusion à l'argument original.

(§4)- Signification précise des tableaux pour l'argumentation défaisable avec usage de proverbes.

Les tableaux dialogiques ici construits ne sont pas des dialogues formels ; ce sont des sortes de dialogues matériels, où les conditions générales du dialogue sont présupposées, et consistent en la considération d'une sorte d'oracle mettant à disposition de chacun des joueurs, la ressource argumentative nécessaire à l'établissement (ou au rétablissement) de sa position initiale (c'est-à-dire la thèse ou la contre-thèse qu'il soutient). Cela veut dire qu'en fait, les échanges argumentatifs peuvent atteindre des niveaux de développement optimaux ; ce que nous avions précédemment nommé des extensions maximales ou extensions stables d'arguments.

En effet, idéellement, les développements argumentatifs peuvent atteindre des sortes de points-fixes, c'est-à-dire des limites supérieures au développement d'un argumentaire. Chose qui ne peut matériellement figurer dans la structure des tableaux dialogiques. Car il faudrait alors imaginer des tableaux avec le maximum de coups possibles des deux joueurs, en considérant les ressources argumentatives à disposition pour chacun d'eux. Ce qui ne peut être rentré dans un tableau.

C'est pourquoi, les tableaux ici construits représentent des cas minimaux de dialogues argumentatifs défaisables. Ce sont des illustrations fragmentaires des processus de justification et de défection minimales d'arguments usant de proverbes. Ces tableaux servent essentiellement à manifester la normativité dans le développement de ce type de processus d'argumentation. La question se pose alors de savoir si des processus argumentatifs poussés à leur extrême – c'est-à-dire des échanges argumentatifs qui atteignent leurs points-fixes – peuvent-ils être formalisés dans le cadre des tableaux dialogiques.

Dans l'état actuel de nos réflexions sur ce point, il nous semble peu réalisable la représentation des argumentations qui atteignent leurs points-fixes, car il nous faudrait alors imaginer des échanges argumentatifs maximaux, avec la totalité des ressources utilisées par chacune des partie prenantes, le tout représenter à l'intérieur des tableaux dialogiques, ce qui de toute évidence n'est pas pratique. Nous pensons au contraire, que les tableaux dialogiques ne peuvent servir qu'à montrer la structure typique des processus d'établissement et de défection des arguments ; le tableau aide à montrer la dynamique argumentative qui induit le caractère de non-monotonie.

(§5)-Une illustration basique d'un débat argumentatif où l'on use de proverbes.

Nous voudrions d'abord signaler le fait qu'en pratique, au sein des traditions orales des sociétés négro-africaines, les débats argumentatifs ont lieu à l'occasion de controverses opposant des parties dont les relations d'intérêts interpersonnels se trouvent en situation antagoniste. Donc, c'est toujours autours des questions de faits plutôt que de questions théoriques ou spéculatives qu'ont lieu ces échanges ; et la forme littérale du proverbe, vu comme image générique d'une classe de faits, s'entend aussi relativement à ce point.

Nous simulerons donc des débats autour de questions de faits sur fond d'antagonisme d'intérêts, et donc sur fond de débats juridiques traditionnels. Et, de manière générale, les principales occasions d'antagonismes sont les situations de mort d'homme, les litiges matrimoniaux (situation d'adultère), les situations d'antagonisme relatives à la question de la possession terrienne.

En règle générale, ces situations sont celles où l'on est amené à débattre avec une grande rigueur argumentative, tant les enjeux sont considérables et la situation matérielle de prise de parole est constituée d'un large auditoire et d'une tierce partie qu'est l'assemblée des juges traditionnels. Non pas que d'autres situations de la vie courantes ne requièrent pas l'effectivité de joutes oratoires argumentatives ; bien au contraire cela est constamment présent dans toutes les situations de prise de parole au sein des sociétés orales. Cependant, les situations de débats juridiques ont une importance essentielle tant elles requièrent des participants à l'échange argumentatif d'user de toute leur habileté pour tirer avantage de la situation de conflit en instance.

On qualifiera donc doublement, sur le plan théorique, le type de débats que nous allons simuler. D'une part, nous parlerons d'argumentation dialectique, au sens où l'entendais Aristote, lorsqu'il qualifiait les arguments qui concluent de prémisses probables. Certes, le statut épistémologique du proverbe dans le contexte culturel des traditions orales africaines n'est pas celui d'une proposition probable mais, plutôt, celui d'une proposition accordée comme vraie et élevée au statut de principe de connaissance général. Cependant, nous considérons ici le qualificatif « *dialectique* » en nous positionnant à partir d'un point de vue externe à la culture concernée. Et, Aristote définit les syllogismes dialectiques de la manière suivante :

> « Est dialectique le syllogisme qui conclut de prémisses probables. (...) Sont probables, les opinions qui sont reçues par tous les hommes, ou par la plupart d'entre eux, ou par les sages, et parmi ces derniers, soit par tous, soit enfin par les plus notables et les plus illustres.[43] »

Dès l'abord, nous voyons que la nature objective du proverbe, en tant qu'élément de sagesse populaire et traditionnelle, remplit complètement les critères de définition d'une prémisse probable : le

---
[43] Aristote, *Topiques*, Livre I, b 20.

proverbe fait donc conclure de manière dialectique. De plus, l'objet de réflexion auquel doit s'appliquer l'argumentation usant de proverbes n'est pas l'objet d'une science particulière, mais plutôt des sujets de généralité. Donc, nous convenons qu'ici, nous ne sommes pas dans le cadre d'une syllogistique au sens strict, mais d'une dialectique.

Nous considérons chaque fois deux agents X et Y comme les deux parties prenantes du débat antagoniste. Nous posons toujours un contexte de factualité dans lequel aura lieu le débat.

Soit la situation suivante : X porte une accusation sur Y, consistant à tenir Y pour responsable de la mort de son enfant. Supposons de plus, que X est la mère de l'enfant défunt, dont Y est le père et tuteur légal. **Le débat** :

X : « *Tu dois être responsable de la mort de notre enfant dès lors que tu ne donne aucune explication sérieuse des conditions de son décès* (p)»

Y : « *Je vous dis que je n'en sais rien ; cet enfant n'était pas malade et nous l'avons juste retrouvé mort dans son lit ce matin* ($\neg$p)»

X : « *une personne ne peut pas passer de vie à trépas sans aucune cause ; la sagesse dit(q)* « **quand il n'y a pas de soupe, il y a au moins du potage** » *(Q$\rightarrow$P) ; tu dois au moins avoir une idée de qui pourrait être le coupable (p)* »

Y : « *tu peux m'accuser de tout, mais la même sagesse ancestrale nous dit aussi que :* « **on ne peut pas s'effrayer d'un possible ouragan à la seule vue d'un ciel très nuageux** »*(R$\rightarrow \neg$ P) ; ce n'est pas parce que je ne vous produit aucun récit détaillé des circonstances de cette mort que j'y suis pour quelque chose($\neg$p)* »

-
-
-

Ici on voit bien la forme dialectique du débat, qui consiste en phases successives de défaites et de rétablissements d'arguments. Et cela peut continuer jusqu'à épuisement des ressources argumentatives pour l'un ou l'autre des camps.

Le principe basique dans ce jeu d'argumentation/contre argumentation, c'est qu'il y a toujours la possibilité de trouver un contre proverbe, c'est-à-dire un contre modèle à l'argument de l'adversaire. Et c'est tout le sens de ce qui se passe dans les dialogues où nous avions présenté les choses de manière plus formelle. Il suffit ensuite de récapituler l'échange de la manière suivante pour retrouver les deux lignes argumentatives des deux antagonistes :

I
- X: $q \Rightarrow p$
- Y: $q \wedge \neg p \Rightarrow \neg p$

II
- X: $q, \mathbf{Q} \rightarrow \mathbf{P} \Rightarrow p$
- Y: $[q, \mathbf{Q} \rightarrow \mathbf{P}]^*_{\mathbf{R} \rightarrow \neg \mathbf{P}} \Rightarrow \neg p$

Section 2 : Perspectives générales de comparaison à quelques systèmes d'argumentation défaisable notables

Chapitre Ier : - Une ébauche conceptuelle générale pour les systèmes d'argumentation défaisables.

Tous les systèmes d'argumentation défaisable comprennent un nombre d'éléments basiques dont un langage logique sous-jacent, des définitions pour la notion d'*argument*, de *conflit* et de *défaite* entre arguments, et enfin celle de *statut des arguments*, cette dernière pouvant servir à définir la notion de conséquence logique défaisable.

Il arrive que certains systèmes d'argumentation spécifient la logique qui leur est sous-jacente, tandis que d'autres laissent totalement non-spécifiée la logique de base, de sorte qu'ils peuvent être sous-tendus par différentes logiques alternatives, ce qui fait de ces derniers des structures d'argumentation plutôt que de véritables systèmes. Et, lorsque l'on parle d'argument, on suppose l'existence d'une preuve dans la logique sous-jacente correspondante. Quant à la présentation des arguments, trois formats basiques peuvent être relevés : certains systèmes considèrent les arguments comme des arbres d'inférences enracinés dans l'ensemble de leurs prémisses ; certains autres systèmes définissent l'argument comme une séquence d'inférences, c'est-à-dire une chaîne de déduction ; enfin, dans le troisième format, on définit les arguments comme des paires prémisses-conclusion, et on considère implicitement que la vérité d'une conclusion est tirée des prémisses.

Nombre de systèmes notables ne s'occupent aucunement de la structure interne des arguments, mais s'intéressent essentiellement aux interrelations entre arguments. C'est dans ce cadre global qu'apparaît le caractère non-monotonique de la logique de l'argumentation défaisable.

Nous allons succinctement présenter les concepts basiques communs aux systèmes d'argumentation sus-indiqués.

Le Conflit (entre arguments) : Il y a trois types de conflit.

(a) Le premier type de conflit est caractérisé par le fait que des arguments aient des conclusions réciproquement contradictoires. On parle alors de « *réfutation* ». Par exemple, lorsqu'on a, A : « *Tweete ne vole pas parce qu'il est un pingouin* » qui réfute B : « *Tweete vole parce qu'il est un oiseau* ». C'est une attaque de type symétrique.

(b) La deuxième forme de conflit concerne des arguments dont l'un fait une hypothèse de non-prouvabilité dans ses prémisses, et que l'argument adverse conclut avec l'affirmation de ce qui était supposé non-prouvable. Par exemple, A : « *Tweete vole parce qu'il est un oiseau, et il n'est pas prouvable que Tweete est un pingouin* », est réfuté par B dont la conclusion est « *Tweete est un pingouin* ». C'est une **attaque d'hypothèse**, et c'est un type de conflit non symétrique.

(c) Le troisième type de conflit _ qui fut premièrement discuté par Pollock (1970) _ concerne les situations où un argument attaque, non pas une proposition, mais une règle d'inférence de l'argument adverse. Suivant Pollock, cette attaque est nommée « *Undercutting* », que nous pourrions traduire par : « **attaque par affaiblissement d'une règle d' inférence** ». Cette dernière est aussi un type non symétrique de conflit. Évidemment que pour attaquer une règle d'inférence, il faudrait que cette dernière ne soit pas strictement déductive. Et, les règles d'inférence non déductives apparaissent dans des systèmes qui autorisent des arguments inductifs, abductifs et analogiques. La formalisation de ce type de conflit nécessite l'expression de la règle d'inférence attaquable dans le langage objet.

Notons que toutes ces attaques ont des versions à la fois directes et indirectes. On dit qu'une attaque est indirecte lorsqu'elle est dirigée contre un sous-argument ou une étape intermédiaire de l'argument adverse.

Soulignons aussi que la notion de « *défection d'un argument* » ne représente pas toutes les formes d'évaluation ; évaluer des paires d'arguments conflictuels, c'est-à-dire déterminer si une attaque est réussie, est un autre élément des systèmes d'argumentation. La défection (ou attaque) est définie comme une relation binaire sur l'ensemble des arguments. La terminologie varie sensiblement d'un auteur à un autre : « *défaite* » (Prakken et Sartor), « *attaque* » (Dung, Bondarenko et *ali.*).

Les systèmes d'argumentation divergent aussi sur les critères d'évaluation des arguments conflictuels. Par exemple, en Intelligence Artificielle, le principe de spécificité – qui accorde la préférence aux arguments basés sur les hypothèses de défaut les plus spécifiques au domaine discuté – est certes considéré comme très important. N'empêche que certains chercheurs e.g. Vreeswijk (1989), Pollock (1995), Prakken et Sartor (1996), ont soutenu l'idée selon laquelle la spécificité n'est pas un principe général pour le raisonnement de sens commun ; elle est juste un standard parmi plusieurs autres qui pourrait ou pas être utilisé. De plus, certains chercheurs ont affirmé que les principes d'évaluation des arguments indépendants des domaines dans lesquels se tiennent ces arguments n'existent quasiment pas, ou alors s'ils existent doivent être très faibles. L'information issue de la sémantique du domaine considéré sera l'élément décisif dans la détermination du statut des arguments en compétition (Konolig, 1988, Vreeswijk, 1989). Pour ces raisons, plusieurs systèmes d'argumentations sont paramétrés avec des critères conditionnés par l'utilisateur. Prakken et Sartor vont jusqu'à affirmer que les critères d'évaluation sont discutables, tout comme l'est le reste de la théorie, et par conséquent les systèmes d'argumentation devraient permettre la défaisabilité sur ces critères.

<u>Statut d'un argument</u> : À un niveau restreint, la notion de statut nous dit ce qu'il en est de la puissance d'un argument relativement à un

argument adverse. Mais à un stade ultime, le statut d'un argument dépend de l'interaction entre tous les arguments disponibles. Par exemple, il se peut que B défasse A, et que C défasse à son tour B. Du coup, A est rétabli par le seul fait que son détracteur (en l'occurrence B) est lui-même défait par C. Au vu de ceci, on s'accorde à dire qu'il nous faille une définition de la notion de « *statut d'un argument* » qui soit fondée sur toutes les configurations possibles des interactions entre arguments disponibles. En plus du rétablissement, la définition doit intégrer le principe suivant lequel un argument ne peut être justifié qu'à la condition que tous ses sous arguments soient justifiés. Ceci nous conduit tout naturellement à commencer par une brève présentation des aspects généraux de la sémantique de l'argumentation.

(§1)-Sémantiques de l'argumentation.

En réalité, chaque système d'argumentation dispose d'une sémantique ayant des traits d'originalité, ce en raison de la logique qui le sous-tend. Dans le cadre de l'argumentation défaisable, une sémantique sert à traiter des conditions d'acceptabilité des ensembles d'arguments comme étant justifiés. C'est que ces systèmes n'ont pas pour tâche de décider de la véracité des propositions ; ils ont plutôt pour rôle de justifier l'acceptation de certaines propositions comme étant vraies. En particulier, on est justifié à accepter une proposition comme vraie s'il y a un argument qui soutient ladite proposition.

a)- Détermination simple du statut d'un argument :

Un argument est soit justifié, ou non justifié. (1)- Il est justifié si tout argument qui le défait n'est pas lui-même justifié ; (2)- Il n'est pas justifié s'il est défait par un argument qui est lui-même justifié.
Cette définition élémentaire fonctionne dans les cas simples tels que le suivant : A ←B ← C (ici la flèche indique le sens de la défaite : B défait A et est défait par C, qui rétablit A). Concrètement :

A = « *Tweete vole parce qu'il est un oiseau* »
B = « *Tweete ne vole pas parce qu'il est un pingouin* »
C = « *L'observation selon laquelle Tweete serait un pingouin est infondée* ».

Ici C est justifié puisqu'il n'est défait par aucun autre argument ; B est non justifié, puisqu'il est défait par C. Cela entraîne le rétablissement de A, en dépit du fait que ce dernier ait été précédemment défait par B, C ayant rendu B injustifié.

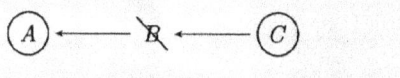

Cependant, en d'autres circonstances, cette définition de la justification des arguments est ambiguë, mais nous n'en parlerons pas ici. Maintenant, considérons le cas suivant :

(a) « *Le président Nixon était un pacifiste parce qu'il était quaker* »

(b) « *Le président Nixon n'était pas pacifiste parce qu'il était républicain* »

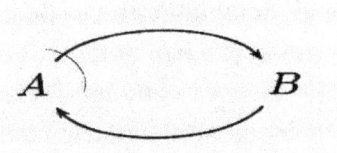

Ici A défait B, et B défait A. Si on considère que A est justifié, alors B est non justifié. Et si B est considéré comme justifié, alors A est non justifié. On est ainsi tenté d'attribuer un double statut à chacun de ces deux arguments. C'est ce que dans la littérature consacrée au sujet, on nomme : un « *cercle étrange* ».

L'autre situation concerne les arguments qui s'auto-suppriment par le fait d'une contradiction interne.

Les cas d'arguments auto-défaisant (ou auto-contradictoires) et ceux du « *cercle étrange* » posent un sérieux problème quant à l'assignation de statut à ces derniers, car deux statuts opposés deviennent possiblement assignables. C'est pour échapper à cette bizarrerie et rester en cohérence avec le principe de l'assignation unique de statut que certains dispositifs techniques et méthodologiques ont été mis en place dont les opérateurs de point-fixe.

L'idée basique est qu'un argument défait par un autre argument ne peut être justifié qu'à condition qu'il soit rétabli par un troisième argument qui défait son détracteur et qui est lui-même (ce tiers argument) justifié. D'où la notion d'acceptabilité.

b)- <u>Définition de l'Acceptabilité</u> :

Un argument A est acceptable par rapport à un ensemble *S* d'arguments si et seulement si chaque argument défaisant A est défait par un élément de S (c'est-à-dire un argument qui est dans S). Autrement dit, les éléments de l'ensemble S peuvent être vus comme des arguments capables de rétablir A en cas de défection de ce dernier. Cependant, l'acceptabilité n'est pas suffisante étant donné que dans notre précédent exemple du cercle étrange, l'ensemble {A} permet de rétablir l'argument A puisque son seul élément défait tout argument défaisant A, c'est-à-dire A lui-même. Or, il n'est pas souhaitable qu'un argument se rétablisse soi-même, d'où l'intérêt d'un opérateur de point-fixe.

c)- <u>Définition du Point-fixe</u> :

Soit *Args*, l'ensemble des arguments ordonné par une relation binaire de défection (attaque), et soit S ⊆ *Args*. Alors l'opérateur F est défini comme suit :

- F(S) = {A∈*Arg.* / A est acceptable par rapport à S}.

L'idée de base est que, si un argument est acceptable relativement à un ensemble S, alors il doit être acceptable à toute extension de S (superset de *S*). Ainsi, F (l'opérateur de point-fixe) est monotonique. Avec ce dispositif l'auto-rétablissement d'arguments peut être évité en définissant l'ensemble des arguments justifiés comme ce moindre point-fixe. Notons que dans notre précédent exemple du « *even circle* » les ensembles {A} et {B} sont des points-fixes de F mais pas son moindre point-fixe qui est l'ensemble vide ∅.

Nous arrivons maintenant à une autre catégorie d'argument, suivant le statut d'assignation qui leur est propre, à savoir les arguments défendables.

d) - <u>Définition de l'Argument défendable</u>:

Il y a deux type d'arguments défendables : (1) il y a les arguments zombi, ceux qui ne sont pas justifiés, mais qui ne sont pas non plus rejetés de manière définitive. Illustration est faite par une extension du *cercle étrange* comme suit :

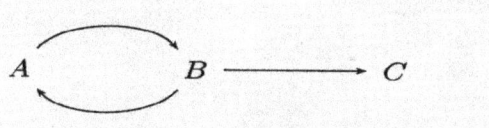

A = « *Dixon n'est pas un pacifiste parce qu'il est républicain* »

B = « *Dixon est un pacifiste parce que c'est un quaker, et il ne possède pas d'arme à feu parce qu'il est pacifiste* »

C = « *Dixon possède une arme à feu parce qu'il vit à Chicago* ».

Ici aucun des trois arguments n'est justifié : A et B se défont mutuellement et C est défait par B. Dans le cadre de cette illustration, l'argument B, bien que n'étant pas justifié, garde une certaine force d'attaque car il n'a pas été défait par un argument justifié ; il n'y a non plus d'argument justifié qui défait B et qui puisse ainsi rétablir C. L'argument B a un statut intermédiaire. Et ceci nous conduit donc à la distinction suivante :

(1)- un argument est rejeté (ou annulé) si et seulement s'il n'est pas justifié, et qu'il est défait par un argument justifié.

(2)- un argument est défendable si, et seulement s'il n'est pas justifié, mais n'est pas aussi rejeté.

Le second type d'argument défendable consiste en tout argument qui est défait par un argument auto-contradictoire : par exemple lorsque A s'auto-défait et en même temps défait B

Chapitre IIè. - De la non-monotonie saisie à travers les structures abstraites de l'argumentation défaisable.

Dans cette première section nous allons présenter succinctement les principaux systèmes et/ou modèles abstraits de l'argumentation défaisable, ce afin d'y voir la manifestation structurelle de la non-monotonie. Pour ce faire, nous allons chaque fois présenter la logique sous-jacente aux différents systèmes abordés.

Nous prendrons comme échantillons représentatifs les systèmes les plus notables, dont celui BDKT[44] du quatuor Bondarenko-Dung-Kowalski-Toni, celui aussi de Vreeswijk[45] et celui de Prakken-Sartor[46].

(§1)- L'Approche BDKT : Structure d'argumentation abstraite.

Bondarenko et *alii* ont développé, non pas un système d'argumentation en tant que tel, mais plutôt une structure abstraite qui prend en charge différents modèles de raisonnements non-monotoniques et aussi les différentes logiques qui les sous-tendent. En fait, l'approche BDKT produit une structure et des outils techniques qui permettent d'investir la majorité d'autres systèmes d'argumentation défaisable, et aussi les logiques non-montones qui ne s'occupent pas particulièrement de la théorie de l'argumentation. En somme, cette structure est, de fait, une généralisation (théorique) qui permet d'étendre toute théorie formulée

---

[44] A. Bondarenko, P.M. Dung, R.A. Kowalski, F. Toni, 1997; "An abstract, argumentation-theoretic approach to default reasoning" in *Artificial Intelligence* 93, Elsevier, p 63-101.
[45] G. A. W. Vreeswijk, 1997, "Abstract Argumentation Systems", in *Artificial Intelligence*, 90: p225-279.
[46] H. Prakken, G. Sartor, 1996 ; "A Dialectical Model of Assessing Conflicting arguments in Legal reasoning", in *Artificial Intelligence and Law*, Springer, Vol 4, p 331-368, 1996.

dans une logique non-monotonique par l'apport d'hypothèses défaisables.

C'est alors tout naturel que dans l'approche BDKT la notion basique soit celle d' « *ensemble d'hypothèses* ». Ces hypothèses sont des formules (de quelque forme que ce soit) qui ont le statut de « Défauts » et qui composent, à côté des prémisses ordinaires comprenant la théorie de base, les prémisses du processus d'argumentation. Dit autrement, dans l'approche BDKT, le raisonnement non-monotonique est vu comme un processus d'ajout d'hypothèses de défaut à des théories formulées dans une logique monotonique sous-jacente, tout en observant la condition que les contraires de ces hypothèses ne soient pas démontrés. Les systèmes reformulés par cette structure sont notamment : la Logique des Défauts, les Logiques modales non-monotones, la Logique auto-épistémique, les langages de programmation logique.

L'une des principales règles consiste à définir la défaite, relativement aux hypothèses de défauts. Ici, une hypothèse est défaite si son contraire peut être prouvé (éventuellement avec l'aide d'autres hypothèses contradictoires de l'hypothèse à défaire). Nous allons entamer avec quelques notions formelles basiques.

Structure d'Argumentation : une structure d'argumentation (AF) est une paire (*Args*, Défaite), où « *Args* » est un ensemble d'arguments et « Défaite » une relation binaire définie sur *Args*.
- Une structure d'argumentation est finitaire *ssi* chaque élément de *Args* est défait par au plus un nombre fini d'arguments de *Args*.

- Un ensemble d'arguments est libre de tout conflit *ssi* aucun élément de l'ensemble n'est défait par un autre élément du même ensemble.

On définit la défaite comme étant le conflit entre deux arguments dont l'un est plus faible que l'autre.

En plus de l'acceptabilité, nous définissons aussi l'admissibilité comme suit :

- Un ensemble S d'arguments libre de tout conflit est admissible *ssi* chaque argument dans S est acceptable par rapport à S.

Intuitivement, un ensemble acceptable représente un point de vue défendable.

*Les **Extensions d'arguments*** :

Grâce aux notions d'acceptabilité et d'admissibilité on peut définir plusieurs notions d'« *extensions d'arguments* ». Nous commençons d'abord par la notion d'« *extension stable* »:

- Un ensemble S libre de tout conflit est une ***extension stable*** *ssi* tout argument qui n'est pas membre de S est défait par quelque (s) élément (s) de S, c'est-à-dire par au moins un argument dans S.

Dans l'exemple 2, celui du « *Triangle de Tweete* », on a une seule extension stable {A, C}, et dans le Diamant de Nixon, on a deux extensions stables que sont {A} et {B}, puisque Args = {A, B} et *Défaite* = {(A, C), (B, A)}.

Maintenant, étant donné que les extensions stables sont libres de tout conflit, elles représentent certains points de vue cohérents. C'est surtout des sortes de points de vue maximaux puisque pour tout argument possible, soit il est accepté, soit il est rejeté (Voir 3è §, p257).

- Un ensemble admissible est une ***extension complète*** ssi chaque argument, qui est acceptable par rapport à S, appartient (effectivement) à S.

(§2)- Une Structure d'Argumentation fondée sur des Hypothèses.

Après les définitions des notions formelles basiques, nous allons maintenant présenter la structure d'argumentation de type BDKT, dans une version plus précise.

Définition : Soit $\mathcal{L}$ un langage formel et $\vdash$ une relation de déduction monotonique définie sur $\mathcal{L}$. Une structure basée sur des hypothèses, relativement à $(\mathcal{L}, \vdash)$, est un tuple $<T, Ab, \bar{}>$, où :

- $T, Ab \subseteq \mathcal{L}$
- $\bar{}$ est une application de Ab dans $\mathcal{L}$, où $\bar{\alpha}$ dénote le contraire de α.

NB : Ab est l'ensemble des hypothèses, T est la théorie de base, et $\bar{}$ est la fonction duale.

*** La théorie T exprime un ensemble de croyances (ou de connaissances) et Ab est un ensemble d'hypothèses (ou de conjectures) raisonnables qui peuvent être utilisées pour étendre la théorie. La notion de défaite est alors définie pour les ensembles d'hypothèses/suppositions.

Définition de la défaite : Un ensemble d'hypothèses A défait une hypothèse α ssi $T \cup A \vdash \bar{\alpha}$; et A défait un ensemble d'hypothèses Δ ssi A défait une hypothèse $\alpha \in \Delta$.
Alors, les extensions d'arguments sont définies en termes d'hypothèses, comme on peut le voir ici :

Définition de l'extension sur base d'hypothèses : Un ensemble d'hypothèses Δ est **stable** ssi :

- Δ est clos, c'est-à-dire $\Delta = \{\alpha \in Ab \mid T \cup \Delta \vdash \alpha\}$

- Δ n'est pas défait par lui-même (c'est-à-dire que Δ est libre de tout conflit ; autrement dit aucun élément de Δ ne défait un autre à l'intérieur de Δ}.
- Δ défait toute hypothèse $\alpha' \notin \Delta$.

Une ***extension stable*** est un ensemble ***Th (T $\cup$ Δ)*** pour un ensemble stable d'hypothèses Δ.

(§3)- L'approche de Vreeswijk : Systèmes d'argumentation abstraits

À l'instar de Bondarenko et *alii*, Vreeswijk, propose une structure tout à fait abstraite d'argumentation défaisable, où il fait montre d'une meilleure prise en charge de la notion de **conflit** et celle de **défaite**. Cet auteur aussi ne spécifie pas le langage formel dans lequel il travail, mais assume comme élément basique, le bottom ⊥ (constante propositionnelle indiquant la contradiction). Il assume tout aussi un ensemble de règles d'inférence monotoniques et non-monotoniques. De plus, ces règles ne sont pas restreintes à un domaine particulier d'application du raisonnement.

Définition 1 : **Règle d'inférence**. Soit $\mathcal{L}$ un langage formel

1- Une règle d'inférence stricte est une formule de la forme $\varphi_1, ..., \varphi_n \rightarrow \varphi$ où $\varphi_1, ..., \varphi_n$ est une séquence finie, possiblement vide, dans $\mathcal{L}$ et φ est un membre de $\mathcal{L}$.
2- Une règle d'inférence défaisable est une formule de la forme $\varphi_1, ..., \varphi_n \Rightarrow \varphi$ où $\varphi_1, ..., \varphi_n$ est une séquence finie, possiblement vide, dans $\mathcal{L}$ et φ est un membre de $\mathcal{L}$.

Définition 2 : un **Argument** : Soit R un ensemble de règles. Un argument a des prémisses, une conclusion, des hypothèses, des sous-arguments, une longueur et une taille. Un argument σ est :

1. un membre de $\mathcal{L}$ (i.e. σ est une phrase), dans ce cas,

$prem(\sigma) = \{\sigma\}$, $conc(\sigma) = \{\sigma\}$, $sent(\sigma) = \{\sigma\}$, $asm(\sigma) = \varnothing$
$sub(\sigma) = \{\sigma\}$, $top(\sigma) = \{\sigma\}$, $length(\sigma) = 1$ et $size(\sigma) = 1$;.

2. une formule de la forme $\sigma_1, ..., \sigma_n \to \varphi$ où $\varphi_1, ..., \varphi_n$ est une séquence finie, possiblement vide, d'arguments tels que $conc(\sigma_1) = \varphi_1, ..., conc(\sigma_n) = \varphi_n$ pour une règle $\varphi_1, ..., \varphi_n \to \varphi$ de R, et $\varphi \notin sent(\sigma_1) \cup ... \cup sent(\sigma_n)$ – dans ce cas ;

$prem(\sigma) = prem(\sigma_1) \cup ... \cup prem(\sigma_n)$
$conc(\sigma) = \varphi$
$asm(\sigma) = asm(\sigma_1) \cup ... \cup asm(\sigma_n)$
$sent(\sigma) = sent(\sigma_1) \cup ... \cup sent(\sigma_n)$
$sub(\sigma) = sub(\sigma_1) \cup ... \cup sub(\sigma_n)$
$top(\sigma) = \{\tau_1, ..., \tau_n \to \varphi | \tau_1 \in top(\sigma_1), ..., \tau_n \in top(\sigma_n)\} \cup \{\varphi\}$;

3. une formule de la forme $\sigma_1, ..., \sigma_n \Rightarrow \varphi$ où $\varphi_1, ..., \varphi_n$ est une séquence finie, possiblement vide, d'arguments tels que $conc(\sigma_1) = \varphi_1, ..., conc(\sigma_n) = \varphi_n$ pour une règle $\varphi_1, ..., \varphi_n \Rightarrow \varphi$ de R, et $\varphi \notin sent(\sigma_1) \cup ... \cup sent(\sigma_n)$; pour hypothèses nous avons :

$asm(\sigma) = asm(\sigma_1) \cup ... \cup asm(\sigma_n)$

Les prémisses, les conclusions, et tous les autres attributs sont défins comme précédemment dans 2.

Les arguments de types 1 sont des arguments atomiques ; ceux des types 2 et 3 sont des arguments complexes. Un argument σ est dit être en contradiction si $conc(\sigma) = \bot$.

On notera qu'en vertu de la non spécification du langage logique de la structure, et en raison d'une certaine faiblesse d'expressivité, l'auteur fait des assomptions extra (hypothèses *ad hoc*) sur le langage : (a) son langage est clos sous les connecteurs vérifonctionnels habituels ; (b) il y a, en plus de l'implication matérielle ordinaire, une implication défaisable notée >. Avec ce dernier connecteur, Vreeswijk définit la règle d'inférence suivante, qui est un *modus ponens* défaisable :

- $\varphi, \varphi > \psi \Rightarrow \psi$

Chez Vreeswijk, les notions *d'undercutting* et de *réfutation* sont définies comme suit :

Undercutting : si $\psi = \neg (\varphi_1, \wedge ... \wedge \varphi_n > \varphi)$, ie ψ est la négation de la dernière règle d'inférence de σ énoncée dans le langage objet, alors τ est dit être un challenger qui mine l'argument σ. D'où le fait que la conclusion d'un challenger undercutant, contredit la dernière inférence de l'argument qu'il attaque.

Réfutation : si $\psi = \neg\varphi$, alors τ est un challenger réfutant l'argument σ. D'où le fait que la conclusion d'un challenger (l'attaquant), contredit la conclusion de l'argument qu'il attaque.

Chez Vreeswijk la notion de « Défaite » repose sur deux notions : *l'incompatibilité* et *l'undrmining* (l'affaiblissement endogène). Un argument affaibli un ensemble d'arguments de l'intérieur, s'il domine au moins un élément de cet ensemble. Formellement, un ensemble d'arguments Σ est sapé (affaibli de l'intérieur ou undermined) par un argument τ si $\sigma < \tau$ pour $\sigma \in \Sigma$. Si un ensemble d'arguments est affaibli par un autre argument, il ne pourra pas maintenir tous ses éléments en cas de conflit.

Cette analyse conduit Vreeswijk à développer une définition de la notion de « *vainqueur* » (d'un débat argumentatif) qui se présente comme suit :

Vainqueur (defeater) : Soit P un ensemble de base, et σ un argument. Un ensemble d'arguments Σ est un vainqueur (defeater) de σ s'il est incompatible avec σ et n'est pas affaibli (undermined) par σ. Dans ce cas, σ est dit être défait par Σ. Et Σ est un vainqueur minimal de σ si tous ses sous-ensembles propres (pris individuellement) ne défont pas σ.

La question autour de l'assignation de statut aux arguments reste une question assez délicate, dans la mesure où, chez notre auteur, les cas de conflits insolvables entre arguments conduisent naturellement vers l'assignation de statut multiple. Cependant, chez Vreeswijk, l'assignation de statut ne peut pas être partielle, d'où le fait que sa définition de la défaite apparaît plus proche d'une sémantique stable (c'est-à-dire une définition qui prend en compte les extensions stables d'arguments).

Maintenant, nous allons présenter le point le plus important des analyses de Vreeswijk autour de l'argumentation non-monotonique. Nous allons aborder la notion d' « *implication défaisable* ».

Définition : *Implication défaisable*[47].

Soit P un ensemble de base. Une relation $|\sim$ entre P et des arguments individuels (fondée sur P), *est une relation d'implication défaisable* que nous notons $P |\sim \sigma$ (*σ est en force sur la base de P*), si et seulement si :

1. L'ensemble P contient σ comme élément ; ou

2. Pour quelques arguments $\sigma_1, ..., \sigma_n$, on a $P |\sim \sigma_1, ..., \sigma_n$ et $\sigma_1, ..., \sigma_n \rightarrow \sigma$; ou

3. Pour certains arguments $\sigma_1, ..., \sigma_n$, nous avons $P |\sim \sigma_1, ..., \sigma_n$ et $\sigma_1, ..., \sigma_n \Rightarrow \sigma$ et tout ensemble d'argument Σ tel que $P |\sim \Sigma$, Σ ne défait pas σ.

---

[47] Prakken (H), Vreeswijk (G) ; 2001, p 284, Définition n° 64.

À partir de cette définition, et dans l'intérêt de traiter les cas de circularité (les paires d'arguments se défaisant mutuellement sans qu'aucun n'est un statut unique et exhaustif), Vreeswijk définit une extension stable pour toute implication défaisable satisfaisant les trois conditions qui ont été énoncées précédemment.

- $\Sigma = \{ \phi \mid P \mid\sim \phi \}$

En se servant de la définition de l'implication défaisable, on peut prouver que (1) est une extension stable. C'est-à-dire qu'on peut prouver que $\phi \notin \Sigma$ *ssi* il y a au moins un $\Sigma' \subseteq \Sigma$ tel que Σ' défait ϕ.

Enfin Vreeswijk étend ses analyses en concevant des séquences d'argumentation et des raisonnements plausibles. Une séquence d'argumentation est une expression du type suivant :

- $\Sigma_1 \rightarrow \Sigma_2 \rightarrow \ldots \rightarrow \Sigma_n \rightarrow \ldots$

où les Σ_i ne sont pas clos sous la déduction stricte. Chacun de ces Σ_i est construit à partir de celui qui le précède Σ_i' en y appliquant une règle d'inférence.

Quant à la notion de *raisonnement plausible*, elle se pose en discrimination par rapport à un autre type de raisonnement non-monotonique qu'est le *raisonnement* proprement *défaisable*. Suivant Vreeswijk, la définition de l'implication défaisable capture le raisonnement défaisable qui est structurellement sans rigueur (unsound) ; c'est le type de raisonnement qui part de prémisse certaines (ex : « *typiquement les oiseaux volent ; Tweety est un oiseau*») et concluent par des propositions moins certaines (ex : « *ainsi, Tweety vole probablement* »[48]). Par contraste, le raisonnement plausible est de type rigoureux car déductif. Il part de prémisses incertaines (ex : « *L'on pense que tous les oiseaux volent ; Tweety est un oiseau* »), et conclut par une proposition, certes incertaine mais, plausible, tout autant que les prémisses (ex : « *on pense alors que Tweety vole* »).

---

[48] Illustration tirée de Rescher (1976) et devenue célèbre dans la littérature traitant du raisonnement non-monotonique.

La différence entre ces deux raisonnements – tous deux de type non-monotonique – est la suivante : dans le premier cas, une proposition de défaut (prémisse) est acceptée de manière catégorique, tandis que dans le second cas, une proposition catégorique (prémisse) est acceptée par défaut, d'où le statut de plausibilité qu'on reconnaît à la conclusion qui en ressort[49].

On peut aussi dire qu'un élément important de cette distinction consiste dans le fait que pour le raisonnement défaisable l'ordre sur les arguments ne participe pas de la théorie d'entrée (*Input*) reflétant les relations de priorité entre les prémisses, ou bien les degrés de croyance dans les prémisses, mais un ordre général sur les types d'arguments tel que, les arguments déductifs doivent avoir une priorité sur les arguments inductifs ; les arguments inductifs sur le mode statistique ont préséance sur ceux inductifs sur un mode générique.

En fait, Vreeswijk fait l'hypothèse suivant laquelle l'ordre sur les arguments est le même pour les ensembles de prémisses (bien que cela soit lié à un ensemble de règles d'inférence). C'est, en dernier ressort, la raison pour laquelle il formalise le raisonnement plausible de manière distincte de celui défaisable, en s'accordant la possibilité des ordres d'entrée sur les prémisses, ainsi combine-t-il deux traitements formels. Henry Prakken fera d'ailleurs cette remarque instructive sur le travail de Vreeswijk :

> *"To our knowledge, Vreeswijk's framework is unique in treating these two types of reasoning in one formalism as distinct forms of reasoning; usually the two forms are regarded as alternative ways to look at the same kind of reasoning.*[50]*"*

---

[49] C'est d'ailleurs cette interprétation que donne Reiter aux conséquents des règles de défauts. Il énonce en quelques mots : *"Reasoning patterns of this kind represent a form of plausible inference..."*. Reiter (R), 1980, "A Logic for Default Reasoning", in *Artificial Intelligence*, vol. 13, p 81.

[50] Prakken (H), Vreeswijk (G), 2001, p286.

Ce que nous pouvons noter, à titre d'évaluation de ce travail de formalisation, c'est que Vreeswik s'intéresse très peu aux relations entre arguments individuels, ne se focalisant qu'à investir et à développer une seule forme de conséquence défaisable. Cependant, cette attitude est philosophiquement bien motivée en même temps qu'elle est très détaillée, relativement à la structure interne des arguments et du processus de l'argumentation en général, ce qui contraste avec l'approche BDKT que nous avons précédemment vue.

Enfin, signalons dès à présent que, de toutes les approches présentées ici – dans une perspective comparative à terme – nous marquerons une considération particulière pour celles qui s'investissent dans l'analyse de la structure interne des arguments pour en expliquer le caractère défaisable, car c'est de cette défaisabilité des arguments qu'un processus d'argumentation tire son caractère de non-monotonie.

(§3)- Le modèle de Prakken et Sartor[51].

Le système de Prakken et Sartor est largement inspiré du raisonnement juridique, qui combine le langage des *défauts* (langage des hypothèses défaisables) avec la sémantique de BDKT. Les principaux points étudiés dans leur système sont la *réfutation* et *l'attaque d'hypothèses*. Ils formalisent aussi les critères de décision relatifs à la *défaite*.

Dans le langage logique, les prémisses sont composées de connaissances factuelles $\mathcal{F}$, qui sont un ensemble de formules de premier ordre subdivisées en fait contingents $\mathcal{F}c$ et en faits nécessaires $\mathcal{F}n$. À ce grand ensemble de connaissances factuelles s'adjoint un ensemble représentant la connaissance défaisable, dont les

---

[51] Prakken (Henry), Sartor (Giovanni), 1996, "A dialectical model of assessing conflicting arguments in legal reasoning", In *Artificial Intelligence and Law* 4: p 331-368, Springer, Netherlands.

composantes sont des défauts de type Reiter[52]. L'ensemble $\mathcal{F}$ est supposé être consistant. Prakken et Sartor notent les défauts de la manière suivante :

- $d: \varphi_1 \wedge \ldots \varphi_j \wedge \sim\varphi_k \wedge \ldots \wedge \sim\varphi_n \Rightarrow \psi$

où d, un terme, est le nom informel du Défaut, et chacun des φ_i, tout comme ψ, est une formule de premier ordre. Dans cette expression, la partie $\sim\varphi_k \wedge \ldots \wedge \sim\varphi_n$ correspond au moyen terme de la règle de Défaut de type Reiter (c'est-à-dire le terme qui fait l'hypothèse raisonnable de non-prouvabilité) ; le symbole « ~ » doit donc être lu informellement comme énonçant : « *il est non prouvable que ...* ». Pour chaque $\sim\varphi_i$ dans un Défaut, $\neg\varphi_i$ est appelée une hypothèse de Défaut. Le langage est défini de telle sorte que les Défauts ne peuvent pas s'enchâsser (ou s'emboîter) les uns dans les autres, ni même être combinés avec d'autres formules.

Les arguments sont conçus comme des chaînes de Défauts raccordés entre eux par un raisonnement de Premier-Ordre. Plus précisément, considérons l'ensemble $\mathcal{R}$ de toutes les règles d'inférences valides de premier-ordre, associé à la règle du *Mondus Ponens* défaisable (*MPD*)[53] suivante :

- $$\frac{d: \varphi_1 \wedge \ldots \varphi_j \wedge \sim\varphi_k \wedge \ldots \wedge \sim\varphi_m \Rightarrow \varphi_n, \quad \varphi_1 \wedge \ldots \varphi_j}{\varphi_n}$$

où les φi sont des formules de premier-ordre.

---

[52] Raymond Reiter (1980), développe au début des années 1980 un système de logique pour la formalisation du raisonnement par défaut, et pose qu'une théorie de défaut est constituée d'un ensemble *d'ebf* de base (qui sont des connaissances assertées) et d'un ensemble de règles dites de *Défaut* dont le rôle est de représenter des sortes d'hypothèses additionnelles à une base de prémisses pour les besoins de dérivation sur fond d'information incomplète.

[53] Prakken fait remarquer que ce *Modus Ponens Défaisable* ne considère pas les hypothèses de défaut, l'idée sous-jacente étant que ces hypothèses de défaut sont intenables. Ce qui sera, d'ailleurs, reflété par des attaques victorieuses sur des arguments utilisant les défauts.

Un argument est défini de la manière suivante :

<u>Définition 1</u> : (Arguments)[54]. Soit Γ une théorie de Défauts ($\mathcal{F}c \cup \mathcal{F}n \cup \Delta$).
Un argument basé sur Γ est une séquence de formules distinctes de premier-ordre et / ou des instances de défauts [$\varphi_1, ..., \varphi_n$] tels que pour tout φ_i :
- $\varphi_i \in \Gamma$; ou
- il existe une règle d'inférence $\psi_1, ..., \psi_m / \varphi_i$ dans $\mathcal{R}$ telle que : $\psi_1, ..., \psi_m \in \{\varphi_1, ..., \varphi_{i-1}\}$

Pour tout argument A
- $\varphi \in A$ est une conclusion de A *ssi* φ est une formule de premier ordre ;
- $\varphi \in A$ est une hypothèse de A *ssi* φ est une hypothèse de défaut dans A ;
- A est un argument stricte *ssi* il ne contient aucun défaut ; A est défaisable autrement.

L'ensemble des conclusions de A se note $CONC(A)$ et l'ensemble de ses hypothèse est noté $ASS(A)$. Et, selon Prakken, les arguments ne sont pas supposés être forcément consistants ; l'exemple suivant, nous le montre :

$[a, r_1 : a \wedge \sim \neg b \Rightarrow c, c, a \wedge c, r_2 : a \wedge c \Rightarrow d, d, d \vee e]$
$CONC(A) = \{a, c, a \wedge c, d, d \vee e\}$ et $ASS(A) = \{b\}$. Ici, la présence des hypothèses dans la règle d'inférence fait apparaître deux genres de conflits entre arguments : l'attaque de conclusion-à-conclusion et l'attaque de conclusion-à-hypothèse. Ce qui nous donne la défitions générale suivante de la notion d'attaque.

<u>Définition 2</u> : *l'Attaque*. Soit A et B deux arguments. A attaque B *ssi* :
1. $CONC(A) \cup CONC(B) \cup \mathcal{F}n \vdash \bot$; ou bien

---

[54] Prakken & Vreeswijk, 2001, p 288.

2. $CONC(A) \cup \mathcal{F}n \vdash \neg\varphi$ pour tout $\varphi \in ASS(B)$.

Chez Prakken et Sartor la notion de défaite entre arguments est construite à partir de deux autres notions plus basiques que sont la « *Réfutation* » et l'« *Undercutting* ». Un argument *A* réfute un argument *B ssi A* attaque *B* de conclusion à conclusion (c'est-à-dire que la conclusion de *A* contredit directement la conclusion de *B*), et soit A est stricte et *B* est défaisable, ou alors les règles d'inférence de défaut dans *A* qui sont impliquées dans le conflit ont une priorité sur les règles de défaut contenues dans *B* et qui sont aussi impliquées dans le même conflit. L'identification des règles de défauts concernées par le conflit et l'application des priorités sur ces dernières requièrent certaines subtilités que nous n'allons pas présentées ici ; l'important étant de rester synthétique dans notre présent exposé.

Un argument *A undercute* (mine de l'intérieur) un argument *B* précisément dans le cas où l'attaque porte sur une règle défaisable de *B*. De manière globale, on conviendra que l'Undercutting est le type d'attaque sur hypothèse. À noter qu'il n'est pas nécessaire que le défaut responsable de l'attaque sur l'hypothèse ait une plus grande priorité par rapport au défaut contenant l'hypothèse attaquée ; l'*undercutter* ici attaque explicitement des hypothèses de non-prouvabilité qui ont des occurrences dans les règles de défaut.

La notion de Défaite est envisagée chez Prakken comme possiblement attribuable aux sous-arguments d'un argument donné. Et notre auteur procède de cette manière pour la simple raison que sa définition du statut d'un argument n'est pas explicitement récursive. Mais généralement, Prakken et Sartor considèrent que la défaite par *undercutting* est prioritaire sur la défaite par *réfutation*.

<u>Définition 3</u> : *La Défaite*. Un argument *A* défait un argument *B ssi*

$A = \square^{55}$ et que *B* s'auto-attaque, ou bien autrement, si

---

[55] Ce symbole est utilisé pour indiquer un argument vide.

○ *A undercute* (sape) *B* ; ou
○ *A* réfute *B* et *B n'indercute* (n'affaiblit) pas *A*.

Comme nous pouvons le remarquer ici, la première condition de la définition se sert de l'argument vide ; en fait ce dernier est très utile pour le traitement des arguments auto-défaisants. De fait, par principe, un argument vide n'est défait par aucun autre argument. Maintenant, pour mieux saisir le fondement rationnel de cette préséance de l'undercutting sur la réfutation, suivons un exemple parlant.

Considérons deux règles d'inférence r_1 et r_2, telles que :

○ r_1 : $\sim \neg$ (Brutus est innocent) $\Rightarrow$ Brutus est innocent
○ r_2 : $\varphi \Rightarrow \neg$ (Brutus est innocent).

Supposons maintenant que pour certaines raisons, $[\ldots, r_2]^{56}$ n'a aucune priorité sur $[r_1]$, et considérons les arguments $[r_1]$ et $[\ldots, r_2]$. Alors, dans ce cas, bien que $[r_1]$ réfute $[\ldots, r_2]$, $[r_1]$ ne réussit pas à défaire $[\ldots, r_2]$, puisque $[\ldots, r_2]$ *undercute* (affaiblit, mine de l'intérieur) $[r_1]$. Ainsi, $[\ldots, r_2]$ défait strictement $[r_1]$.
L'explication d'une telle décision sur la relation de défaite entre les deux arguments (par l'intermédiaire de ces deux règles de défaut) tient en ce qui suit :

Selon Prakken & Sartor, le point crucial est de regarder l'hypothèse d'une règle de défaut comme l'ensemble de ses conditions d'application (bien que ce soient des conditions assez spéciales). L'unique façon d'accepter alors ces deux règles est de croire que « *Brutus n'est pas innocent* » : dans ce cas, la condition de r_1 n'est pas satisfaite. Par contraste, si l'on accepte de croire que Brutus est innocent, alors r_2 doit être rejetée ; c'est-à-dire que ses conditions sont

---

[56] Ceci est une notation abréviative qui omet tout le corps de l'argument, en n'en présentant que la règle de défaut. De plus, en ce qui est de l'argument 2, les points de suspension laissent apparaître le caractère implicite de l'antécédent de cet argument, en supposant qu'il est dérivé à partir d'étapes d'inférence antérieures. Tout ceci suit strictement la présentation qu'en a donnée Prakken (2001, p 290) lui-même.

acceptées mais non pas son conséquent. Ceci nous fait donc arriver à la considération des assignations de statut des arguments.

La définition que notre tandem d'auteurs nous propose a partie liée avec le phénomène des priorités entre arguments conflictuels. Par exemple, dans la recherche en Intelligence Artificielle, cette question n'est pas habituellement considérée comme une matière du raisonnement de sens commun : soit on assume simplement un ordre fixe, ou bien on fait usage d'un ordre de spécificité, qui peut être lu à partir de la syntaxe ou de la sémantique de la théorie considérée en input. Cependant, l'idée de Prakken & Sartor est de montrer que, suivant les domaines d'application du raisonnement de sens commun dépend le règlement des priorités.

En effet, si l'on prend en exemple des domaines tels que la bureaucratie ou le Droit, on peut constater que les problèmes de priorité font partie intégrante de la théorie : comment une règle de droit peut-elle avoir préséance sur une autre ? Dans quelles conditions administratives précises un acte de signature peut-il être omis en se fondant seulement sur un contreseing ? Le même genre de questions vaut pour la spécificité, d'où Prakken dira :

> "... although checking which argument is more specific may be a logical matter, deciding to prefer the most specific argument is an extra-logical decision. Besides varying from domain to domain, the priority sources can also be complete or inconsistent, in the same way as "ordinary' domain information can be. In other words reasoning about priorities is defeasable reasoning[57]."

Finalement, Prakken & Sartor visent, non seulement à faire dépendre le statut des arguments des règles de priorité, mais aussi que cette assignation de statut aux arguments détermine en retour ces règles de priorité. De manière formelle, voici comment se présentent les choses :

---

[57] Prakken & Vreeswijk, 2001, p291.

D'abord le langage de premier-ordre est élargi à un nouveau symbole « ≺ » qui est un prédicat à deux places d'arguments. « x ≺ y » indiquera que y a une priorité sur x ; ces deux variables x et y peuvent être instanciées par des règles de défaut. En fait, ce nouveau symbole de prédicat devrait dénoter un ordre strict partiel sur l'ensemble des défauts qui est supposé par la métathéorie. Ainsi donc, l'ensemble des faits nécessaires $\mathcal{F}n$ doit comporter les deux principaux axiomes d'un ordre strict partiel que sont :

La transitivité : $\forall x, y, z.\ x \prec y \wedge y \prec z \supset x \prec z$

L'asymétrie: $\forall x, y.\ x \prec y \supset \neg (y \prec x)$

Par ailleurs, les énoncés de faits contingents $\mathcal{F}c$ ne peuvent contenir des expressions de priorité, tandis que dans les défauts les expressions de priorité ne peuvent apparaître que dans le conséquent, et essentiellement sous la forme d'une conjonction de littéraux ; ce qui veut dire que les expressions de priorité disjonctives son exclues des considérations présentes. Par la suite, les relations de *défaite* et de *réfutation* doivent être traitées relativement à une relation d'ordre qui pourrait varier au cours du processus de raisonnement. Nous allons ainsi voir la définition que donnent nos auteurs de ces deux relations :

Définition 4 : **Défaite** suivant la **relation d'ordre**. Pour tout ensemble S d'arguments

- $- <_S = \{r < r' \mid r \prec r'$ est une conclusion d'un argument $A \in S \}$
- $- A$ défait strictement B (dans S) *ssi*, en supposant l'ordre $<_S$ sur Δ, A défait strictement B.

Prakken explicite cette définition en disant: "*The idea is that when it must be determined whether an argument is acceptable with respect to a set S of arguments, the relevant defeat relations are verified relative to the priority conclusions drawn by the arguments in S*[58]". Ceci amène naturellement à poser aussi la définition explicite de l'acceptabilité:

---

[58] Idem

Définition 5 : **Acceptabilité**. Un argument A est acceptable par rapport à un ensemble d'arguments S *ssi* tout argument défaisant A est défait à son tour par au moins un argument membre de S. (Ce qui veut dire qu'il y a toujours au moins un membre A' de S qui rétablit A en cas de défaite).

Nous ne nous étendrons pas sur les diverses conséquences théoriques qu'impliquent cette suite de définitions ; ces implications théoriques n'étant pas relevantes pour nos buts présents.

Ceci étant posé, nous allons maintenant amorcer une analyse comparée autour des systèmes ci-dessus présentés et de la structure abstraite de l'argumentation avec usage des proverbes (qui est le topique central de nos travaux).

Chapitre IIè : Argumentation avec usage des proverbes et systèmes standard d'argumentation défaisable. Essai de comparaison.

Jusqu'ici nous avons présenté, de manière synthétique, quelques uns des systèmes formels notables de l'argumentation défaisable. Avant d'entamer la discussion autour des éléments de comparaison entre ces principaux systèmes, nous voulons tout aussi succinctement dire un mot sur les motivations essentielles de notre choix.

(§1)- <u>Unité des systèmes standards d'argumentation défaisable</u>.

Les principaux systèmes présentés ci-dessus ont été essentiellement sélectionnés pour la simple et bonne raison que ces derniers manifestent une unité structurelle en ce qu'ils prennent tous comme logique sous-jacente, la Logique des Défauts. Dans tous ces systèmes, la *Non-Monotonie* de l'argumentation repose essentiellement sur la défaisabilité des arguments, au sens où c'est en raison de la possibilité qu'il y a pour un argument, dans certaines conditions d'opposition, de défaire un autre argument, et d'inférer une conclusion contradictoire à celle de l'argument précédemment défait, modifiant ainsi le résultat de la dérivation. Et, ce qui rend, à son tour, praticable cette défaisabilité, c'est la présence de certaines règles – dites ***règles de défaut*** – au sein des prémisses des arguments, de sorte que ces règles sont ce qui permet qu'on défasse ces arguments (ce sont des sortes de tendons d'Achille des arguments) sous certaines conditions. Pour entrer dans le détail de la chose, nous pouvons noter la structure générique d'une règle de défaut et en préciser la fonctionnalité de chacune de ses parties composantes. Une règle de défaut (ou simplement un défaut) est une expression de la forme :

- $$\dfrac{\alpha(x) : M\beta_1(x), \ldots, M\beta_m(x)}{w(x)}$$

où $\alpha(x)$, les $\beta_i(x)$ et $w(x)$ sont des *efb* du langage de premier ordre. $\alpha(x)$ est appelée le **pré-requit** du défaut, les $\beta_i(x)$ sont les **hypothèses du défaut** et $w(x)$ le **conséquent** du défaut. Et, ce qui retient en particulier notre attention ici c'est la composante « *hypothèse du défaut* », car c'est elle qui est généralement attaquée par une règle apparaissant dans un argument adverse et qui bénéficie d'une priorité sur elle. Deux types de lectures sont faites de l'hypothèse de défaut :

(a) Lorsque l'hypothèse est notée en mode assertif $M\beta_1(x), \ldots, M\beta_m(x)$, elle se lit : « *supposons que* $\beta_1(x), \ldots, \beta_m(x)$ » ou bien : « *il n'est pas absurde de supposer que* $\beta_1(x), \ldots, \beta_m(x)$ », ou encore : « *il est consistant de supposer que* $\beta_1(x), \ldots, \beta_m(x)$ »

(b) Chez d'autres auteurs, ce moyen-terme de la règle de défaut apparaît préfixé d'un symbole de négation $M \sim(\beta_1(x), \ldots, \beta_m(x))$ et qu'on lit : « *il n'est pas prouvable que* $\beta_1(x), \ldots, \beta_m(x)$ », ou bien : « *en l'absence de preuve pour* $\beta_1(x), \ldots, \beta_m(x) \ldots$ ». C'est cela qu'on appelle une hypothèse de non-prouvabilité dans une règle de défaut, et qu'il importe à une contre-règle d'attaquer pour défaire l'argument dans lequel apparaît la précédente hypothèse.

C'est, pour l'essentiel, ce qui fonde théoriquement l'unité des systèmes précédemment abordés et qui ont des points de jonction avec notre modèle d'argumentation avec usage des proverbes mais, avec une idéologie de base différente. C'est cette altérité des zones de manifestation de la non-monotonie de l'inférence que nous présentons par la suite.

(§2)-. <u>Arguments usant de proverbes : de la non-monotonie différemment fondée.</u>

Dans les systèmes d'argumentation propres aux traditions orales africaines, nous avons relevé qu'il y avait une certaine manifestation de la non-monotonicité de l'inférence, en raison de la défaisabilité des arguments. Or cette défaisabilité tient du statut épistémologique du proverbe.

D'abord, nous avons définit les proverbes comme étant des propositions primitives dans les systèmes discursifs originaux des traditions orales ; nous avons aussi indiqué le rôle prépondérant que jouent ces derniers dans la construction des arguments, en tant qu'ils représentent la prémisse stratégique qui permet d'effectuer l'inférence. Mais cette dernière inférence est non stricte car, du point de vue épistémique – c'est-à-dire qu'on considère les conditions théoriques et pratiques de constitution d'un élément de connaissance – la proposition générale qu'est le proverbe (une sorte de loi générale de causalité) est produite sur un mode inductif. De fait, c'est l'observation répétée, à travers le temps, de l'effectivité de certains phénomènes (biologiques, politiques, sociétaux, culturels, etc.) que la communauté sapientiale synthétise dans des propositions génériques imagées, et que la tradition élève au rang de lois générales de discursivité, relativement aux masses de faits qui entretiendront une relation d'analogie avec ces propositions génériques imagées.

Le proverbe est donc une synthèse imagée d'une catégorie de phénomènes ; cette image générique, qui accède au rang de loi générale, n'en reste pas moins une sorte de loi construite inductivement. Et c'est la raison pour laquelle, lorsqu'un proverbe sert de règle spéciale d'inférence, il reste toujours la possibilité, soit de lui trouver des contres proverbes (contre lois), qui sont en même temps des contre modèles. Et c'est cet état de choses qui rend possible la défection d'un argument utilisant un proverbe comme son élément central. Maintenant, ce qui importe ici, c'est de considérer le statut épistémique du proverbe pour discuter avec pertinence de la différence foncière entre la défaisabilité des arguments usant de proverbes et celle des arguments basés sur les règles de défauts.

Le proverbe est une proposition générale considérée comme vraie ; c'est donc une proposition qui bénéficie du statut épistémique de certitude. Tout le contraire d'une règle de défaut qui, elle, contient une hypothèse soit de consistance, ou bien de non-prouvabilité.

Dans le cadre des arguments usant de proverbes, la défection passe par une attaque qui porte généralement sur le proverbe, c'est-à-dire sur une règle d'inférence inductive, tandis que dans le cas des arguments plausibles, l'attaque de défection porte sur une règle d'inférence qui est une hypothèse de défaut.

Maintenant, parlons de la non-monotonicité de l'argumentation de manière globale et relevons que dans les systèmes connus, la défaisabilité des arguments se situe au niveau de l'antagonisme, soit des règles d'inférence, soit de la contradiction finale entre les conclusions des arguments en compétition. Dans le cas de l'antagonisme au niveau des règles d'inférence, il y a un jeu de priorité entre les règles en compétition pour déterminer laquelle des deux a préséance sur l'autre.

Cette question de la priorité entre arguments concurrents par règles d'inférence interposées, a régulièrement cours dans les débats juridiques, lorsqu'il s'agit de déterminer quelle règle de droit peut avoir la priorité sur une autre. Et, généralement, le contexte du débat juridique reste déterminant dans ce processus de détermination de la priorité entre règles de droit ayant des conséquences opposées. Dans le cadre du raisonnement moral et éthique, la question de la priorité entre les règles pratiques invoquées dans deux arguments en compétition est aussi courante. Là encore, les éléments du contexte d'application desdites règles morales sont pertinents dans la décision à prendre sur la priorité. Suivant l'objet ou le lieu commun concerné par l'application des règles, dépend le sens de la priorité qui sera décidé.

Dans les autres domaines d'application du raisonnement on parle du principe de spécificité comme d'une norme standard permettant de fixer la priorité entre règles d'inférence engagées dans des arguments en compétition. Mais, comme nous l'avion dit tout au début de cette section, plusieurs auteurs ont longuement discuté de la place trop centrale qu'on accorde à ce principe, sans que cela ne soit justifié dans les faits. Car, de façon pratique, la *spécificité* n'est qu'un standard parmi tant d'autres et ne peut servir d'étalon dans tous les domaines d'application du raisonnement de sens commun.

De manière générale, la non-monotonicité de l'argumentation vient essentiellement de la défaisabilité des arguments dans un processus de confrontation : des ensembles d'arguments aux conclusions contradictoires s'attaquent réciproquement et la relation binaire de défection assigne un statut final à chaque argument engagé dans ce processus d'antagonisme.

Quant à l'argumentation avec usage des proverbes, la non-monotonicité vient certes de ce processus d'antagonisme entre groupes d'arguments et qui a pour résultat la défection de certains de ces arguments et la justification d'autres. Mais, ce point n'est pas le seul qui soit déterminant. Il y a, dans le traitement d'un argument utilisant un proverbe, la possibilité d'y introduire un contre proverbe dans ses prémisses, de sorte à y imposer une révision épistémique et dériver – de façon non-stricte – une contre conclusion. Informellement c'est comme si, non pas qu'on oppose deux arguments, mais plutôt comme si on manipulait avec dextérité un seul et même argument de sorte à dériver successivement des conclusions contradictoires, mais à des étapes distinctes du raisonnement. Prenons l'exemple suivant :

(1) « *peu importe l'endroit où l'être humain se trouve, ce dernier fait toujours corps avec les valeurs de son milieu culturel traditionnel. Car, comme le dit un proverbe :* "**quelque soit le temps mis par un tronc d'arbre mort dans le cours d'une rivière, ce tronc d'arbre ne devient pas pour autant un crocodile**"»

(2) « *peu importe l'endroit où l'être humain se trouve, il n'abandonne pas les valeurs de son milieu culturel traditionnel. Car, comme le dit un proverbe :* "**quel que soit le temps mis par**

> *un tronc d'arbre mort dans le cours d'une rivière, ce tronc d'arbre ne devient pas pour autant un crocodile"*. Cependant, la sagesse traditionnelle nous après aussi que *"le jeune homme qui a parcouru cent village devient l'égal du vieil homme qui a vécu cent années"*. Ce qui laisse penser que l'homme change bien au contact de l'expérience. Et dans le cas présent, si l'on considère que le milieu où se trouve présentement un individu n'est pas son milieu culturel traditionnel, alors on est en droit de penser qu'il acquiert une nouvelle expérience de vie et change donc ; ce qui entraîne le fait qu'il peux alors abandonner ses valeurs culturelles traditionnelles.»

On voit ici, que la défaisabilité d'un argument ne tient pas simplement à sa mise en compétition avec un autre argument (qui pourrait le défaire). Bien plus, on peut transformer de manière habile un argument en y introduisant un contre proverbe de sorte à faire dériver une conclusion duale de la précédente. C'est que la non-monotonicité est présente dans la structure même des arguments usant de proverbes.

Appendice 1. Étude additionnelle.

> DE LA TYPOLOGIE DU CONFLIT DES ARGUMENTS
> USANT DES PROVERBES
> *« JuryLog Conférence » des 12 et 13 Mars 2013, Université Lille 3 Charles de Gaulle/Lille.*

Résumé :

Dans des travaux antérieurs[59] nous avons longuement abordé la question des formes abstraites de l'argumentation dans les traditions orales africaines. Nous y avions exposé le caractère non monotonique de la relation d'inférence qui est en usage. Par ailleurs, nous avions reformulé ce modèle argumentatif dans le cadre théorique de la logique dialogique que nous avions réaménagé au passage, afin que ledit cadre accueillît de nouveaux opérateurs logiques (ceux de la mise à jour des bases de données : révision et contraction).

Dans le présent essai, nous voulons aborder la question portant sur les types de conflits possibles entre arguments usant respectivement de proverbes comme de prémisses stratégiques. Et, de notre point de vue, il apparaît que l'attaque par affaiblissement d'une règle d'inférence caractérise le mieux le type de conflit considéré ici.

Nous allons donc – et ce, précisément – montrer que les proverbes, en tant que propositions générales et principes de raisonnement, sont les éléments de l'ensemble des prémisses qu'un contre argument doit neutraliser afin de déduire raisonnablement une contre conclusion

---

[59] Thèse doctorale ; *Formes Logiques et Structures Ontologiques dans quelques langues Bantu*, Université Lille 3 Charles de Gaulle, ANRT/Lille, Décembre 2010, 253p. Voir également, *"Defeasible argumentation in african oral traditions. A special case of dealing with the non-monotonic inference in a dialogical framework"* ; Conférence prononcée au ISELL (International Symposium of Epistemology, Logic and Language) Novembre 2012, Lisbonne.

recherchée. Ce qui nous met chaque fois en présence d'une attaque par « *undercutting* ».

La question va alors se poser de savoir si, en dehors de **l'undercutting**, il n'y aurait pas d'autre type de conflit entre arguments faisant un usage stratégique des prémisses proverbiales.

Introduction

Les processus d'argumentation dans les traditions orales africaines font ressortir un usage méthodique et systématique des sentences proverbiales. Ces dernières apparaissent comme des propositions d'un genre particulier en ce qu'elles véhiculent des contenus de connaissance et se constituent simultanément en règles de la connaissance. Nous dirions en termes logiques que, dans les traditions orales africaines, les proverbes jouent le rôle de propositions primitives – en effet on ne démontre pas les proverbes, mais on s'entend d'office sur leur véridicité puisqu'ils sont le lègue sapiential de la tradition – en même temps qu'ils sont des règles d'inférence d'un genre particulier.

De fait, la considération sur la constitution génétique des proverbes nous les fait découvrir comme le condensé et la synthèse d'expériences vécues, de déroulements phénoménaux, scrupuleusement observés par des générations de sages, et ce, sur des intervalles temporels très étendus ; de sorte que les connaissances tirées de ces longues observations sont synthétisées dans des formulations phrastiques ayant des caractéristiques grammaticales assez remarquables[60]. Les proverbes apparaissent très souvent sous la forme de sentences ou d'aphorismes dans le type sémantique de la métaphore. Les proverbes

---

[60] Fernando Belo fait une typologie syntaxico-sémantique du genre proverbial en montrant par exemple que, suivant le jeu de sens produit par le prédicat dans un énoncé proverbial dépend le type rhétorique dans lequel on classifiera le proverbe concerné. La métonymie est reliée au genre narratif, la métaphore au genre discursif et le genre conceptuel au type gnoséologique. « Proposition d'une Méthodologie d'Analyse des Logiques d'un Corpus Proverbial », dans : *Richesse du Proverbe. Vol. 2. Typologie et Fonctions*, Suard F. et Buridant Cl. (sous la Direction), Université de Lille III, PUL, Coll. " Travaux et Recherches", 1984, p 25-35.

prennent également la forme de micro récits allégoriques[61] où l'essentiel de l'énoncé est une image symbolique d'une réalité plurielle. La réalité plurielle symbolisée par l'énoncé du proverbe explique la flexibilité de ce dernier quant à son applicabilité à diverses situations de réflexion théorique et/ou existentielle nécessitant une délibération quelconque. Que ce soit sur un plan épistémologique ou même simplement existentiel, le proverbe constitue l'élément de rationalité – hérité de l'autorité morale et sapientiale de la tradition – qui permet la prise de décision.

De cette compréhension du statut et de la fonction du proverbe dans ce qui précède, il suit que son usage dans le cadre de l'argumentation tient d'une volonté d'asseoir le poids de rationalité des arguments. Notamment, le passage des prémisses à la conclusion d'un argument nécessitera l'apport logique du proverbe en tant que proposition primitive (c'est-à-dire une proposition accordée d'office comme vraie mais non démontrable) et en tant que règle d'inférence.

Précisons, par ailleurs, que cet usage stratégique du proverbe dans l'argumentation se décline en une double phase : un moment herméneutique qui se superpose à un moment pragmatique. Le premier de ces moments est la phase interprétative nécessaire à l'usage pertinent du proverbe, et qui consiste dans l'établissement d'un lien analogique entre l'image générique qu'est le proverbe et la situation d'analyse particulière en instance. Si l'analogie est clairement établie alors il y a dérivation rationnelle d'une conclusion. Le moment pragmatique, quant à lui, concerne la recherche de l'efficacité du discours par la concision, la condensation du sens, l'éveil de l'imaginaire de l'auditoire, la forme elliptique, métaphorique et donc imagée du proverbe qui favorise la rétention mnémonique.

Nous ne nous sommes pas appesantis sur cet aspect de l'usage des proverbes dans les processus argumentatifs mais plutôt sur la dimension purement logique. Et, ici, il importe de remarquer qu'en vertu de son statut logique et épistémologique – c'est-à-dire en tant que

---

[61] Concernant les peuples de Madagascar, un auteur comme Boiteau (P) estime que les formes allégoriques sont tenues pour être plus efficaces, car évitant le détail superflue qui, au final, risque souvent de faire perdre à l'esprit de l'auditoire, la relation entre les prémisses et la conclusion d'un propos. Voir « La pluralité des modes de connaissance » dans *La Pensée*, n° 220, à la page 14.

règle d'inférence et principe de connaissance construit inductivement – le proverbe est apparu comme une prémisse stratégique que nous avons finalement constituée en règle d'inférence non stricte. C'est ici que nous avons localisé la racine de la défaisabilité des arguments usant de proverbes, et en voici le principe de fonctionnement :

Un argument α fait usage d'une sentence proverbiale $\wp_1$ dans ses prémisses et se termine par une conclusion $\mathbb{C}_1$

1- Un contre argument β use d'un contre proverbe $\wp_2$ qui a pour rôle de bloquer la pertinence du proverbe $\wp_1$ de sorte à dériver une contre conclusion $\mathbb{C}_2$ (c'est-à-dire $\neg\, \mathbb{C}_1$).

Étant donné que le proverbe est l'élément de l'ensemble des prémisses qui rend possible la dérivation d'une conclusion raisonnable (autrement dit, c'est le proverbe qui permet la construction matérielle d'un argument), alors l'action de contre argumentation procède systématiquement par la neutralisation de ce proverbe.

Ce qu'il faut entendre ici c'est que la défaisabilité des arguments, dans le cadre de l'argumentation (en particulier dans le domaine juridique) des traditions orales négro-africaines, tient à la nature des règles d'inférence utilisées pour leur construction. En l'occurrence, le proverbe est vu comme un principe de connaissance génétiquement produit au fil d'une démarche inductive et aussi comme une règle d'inférence qui procède par analogie. En somme, l'induction comme mode de production du proverbe et l'analogie comme mode de déploiement du proverbe sont des aspects qui remplissent suffisamment les conditions d'un raisonnement non-monotonique[62].

Après avoir saisit le fonctionnement structurel du modèle d'argumentation propre aux traditions orales africaines, restait encore la tâche de reformuler abstraitement ledit modèle. Pour les besoins de cette tâche, nous avions mis à contribution un fragment de la théorie formelle de mise à jour des bases de données[63], fragment que nous

---

[62] Nous détaillons ces idées dans l'appendice au présent texte.
[63] La dynamique épistémique, encore appelée « *Théorie de la Révision formelle des croyances* », est un système formel conçu pour les besoins de modélisation des changements d'états épistémiques et de mises à jour de bases de données. À ce titre, on peut remarquer que les développements croissants en Intelligence Artificielle ont

avions intégré au système de la logique dialogique et ceci requiert quelques commentaires et éclaircissements.

- ➢ D'un point de vue pratique, le cadre dialogique, en tant qu'approche de la notion d'inférence sur fond de pratiques argumentatives, apparaît comme le cadre naturel pour une reformulation abstraite d'un modèle d'argumentation quel qu'il soit. De même, la mise à contribution d'un fragment de la « **théorie formelle de la révision des croyances** » répondait au besoin de modéliser le processus interne de défection des arguments par ce qui ressemblait structurellement à un phénomène de révision épistémique sur les ensembles de prémisses des arguments à défaire. Ainsi, les opérations de contraction et de révision épistémiques incorporées comme nouvelles particules logiques dans le cadre dialogique, constituaient ensemble une structure et un cadre formel de travail pour les besoins de construction théorique qui étaient les nôtres

- ➢ Quant à la pertinence et l'efficience effectives de ce choix méthodologique, il tient en ceci que la dialogique permet de développer une sémantique pragmatique dès lors que la signification des opérateurs et connecteurs logiques y est donnée par les règles de leur usage en contexte de débat

---

largement inspiré les chercheurs en informatique théorique, puisqu'ils les ont amenés à construire des modèles encore plus performants de mise à jour des bases de données. L'autre courant intellectuel ayant contribué à la formation de la dynamique épistémique n'est autre que la Philosophie. Des critères de rationalité furent proposés, relativement aux révisions sur les assignations de probabilités. Débutant là aussi dans les années 1970, une discussion plus précisément focalisée sur les conditions du changement rationnel de croyances prit place au sein de la communauté philosophique, et deux étapes importantes apparaissent ici : les travaux d'Isaac Levi. Ce dernier a fourni la structure formelle basique. L'étape importante suivante, qui est la plus connue et est devenue le standard, c'est le modèle AGM d'Alchourrón, Gärdenfors et Makinson. En fait, Alchourrón et Makinson avaient précédemment collaboré sur des études portant sur les processus de changement de codes juridiques. Tandis que les travaux de jeunesse de Gärdenfors traitaient des relations entre le changement de croyances et les phrases de conditionnel. Et c'est dans la convergence de leurs réflexions respectives qu'ils ont publié l'article célèbre de 1985 et qui a été l'objet de profondes élaborations et de significatifs développements.

argumentatif et l'aspect dynamique de l'inférence y apparaît clairement.

Maintenant, le point de réflexion du présent essai consiste à s'interroger sur le type caractéristique du conflit entre arguments usant respectivement de sentences proverbiales en tant que prémisses stratégiques. Ceci aura certainement l'intérêt de marquer une précision et un point d'originalité du modèle d'argumentation des traditions orales par rapport aux autres structures d'argumentation défaisable.

Mais avant toute chose, nous allons entamer ce travail par l'exposé préalable des principaux types de conflits habituellement rencontrés dans les systèmes d'argumentation ici considérés. Puis nous identifierons la structure des confrontations entre arguments usant des proverbes au type du conflit connu depuis John Pollock[64] sous le nom d'« *undercutting* ». Nous préciserons les raisons de cette identification.

(§1)- Une typologie générale du conflit des arguments.

Rappelons premièrement, que tout système d'argumentation consiste en un certain nombre d'éléments fondamentaux dont un langage formel sous-jacent et des définitions pour les notions opératoires du système. Notamment, on s'intéresse naturellement aux notions d'« argument », de « conflit entre argument » et celle de « défaite ». Et, de manière synthétique, nous disons que le conflit d'arguments est un fait théorique et pratique, tandis que la défection est une relation entre paires d'arguments concurrents, relation qui permet d'assigner un statut à chaque élément desdites paires.

Si la majorité des auteurs en Intelligence Artificielle et en Sciences de la Computation considèrent les arguments comme des mini blocks dont on ne s'intéresse pas à la structure interne, ne regardant que les différentes confrontations qu'il peut y avoir entre ces arguments, nous considérons, pour notre part, que la défaisabilité caractéristique du

---

[64] Pollock (J.), 1987 ; "Defeasible reasoning" in *Cognitive Science*, and "Defeasible reasoning with variable degrees of justification," in *Artificial Intelligence*, 2001.

modèle d'argumentation avec usage des proverbe ne saurait être pleinement saisie si l'on ne considère pas justement la structure interne des arguments.

En raison de cet impératif, nous définissons un argument comme suit : $\alpha = \Gamma, \mathbb{P}_i \Rightarrow \mathfrak{C}_i$, où $\Gamma = \{\varphi_1, ..., \varphi_n\}$; $\mathbb{P}_i = \Phi \rightarrow \Psi$; $\mathfrak{C}_i = \psi_i$, avec au moins un $\varphi_i \in \Gamma$ tel que $\Phi \approx \varphi_i$ et $\Psi \approx \psi_i$. $\Gamma \cup \{\mathbb{P}_i\}$ constitue l'ensemble des prémisses de l'argument et $\mathfrak{C}_i$ en est la conclusion. Les notations « $\Phi \approx \varphi_i$ » et « $\Psi \approx \psi_i$ » indiquent clairement qu'au moins une des prémisses ordinaire doit être analogique à l'antécédent du proverbe, pendant que la conclusion de l'argument doit être l'analogue du conséquent du proverbe.

De-là nous définissons la « défection » comme étant une relation définie sur l'ensemble des arguments développés dans un débat contradictoire (et cette relation assigne un statut relatif à chacun des arguments). Et dans le cadre du type argumentatif qui nous occupe ici, la défection d'un argument par un autre est conséquente à la pertinence relative de chacun des proverbes occurrent dans ces arguments. Si un proverbe est relativement plus pertinent qu'un autre alors, l'argument du premier proverbe cité défait l'argument où apparaît le second proverbe.

Maintenant, nous allons succinctement présenter les types classiques de conflits entre arguments concurrents tels que cela apparaît dans la littérature spécialisée.

(§1.1)- **La réfutation.**

Le premier type de conflit – visiblement le plus courant – est la réfutation. Cette dernière exprime la contradiction qu'il y a entre les conclusions de deux arguments donnés. Par exemple l'argument α a pour conclusion « $\mathfrak{C}_i$ » tandis que l'argument β a pour conclusion « $\neg \mathfrak{C}_i$ ». La réfutation est caractérisée par une attaque de type symétrique.

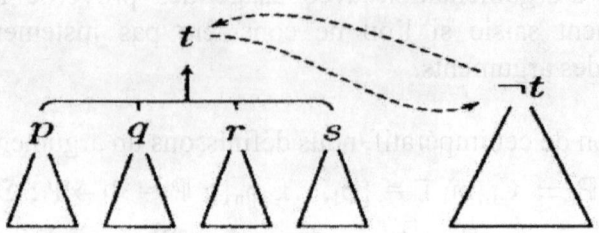

Figure 1: Réfutation

(§1.2)- Attaque d'hypothèse.

Le second type de conflit se caractérise par des attaques sur certaines hypothèses des arguments adverses. En effet, habituellement certains arguments contiennent des hypothèses de non-prouvabilité dans leurs prémisses ; c'est le cas des arguments usant des hypothèses de défauts[65]. L'objectif d'un contre argument, dans ce cas, consiste à dériver une conclusion qui sera la contradictoire de l'hypothèse de non prouvabilité occurrent dans l'argument précédent. Ce conflit est non symétrique.

(§1.3)- Attaque d'une règle d'inférence (*undercutting*).

Le type de conflit caractéristique des attaques stratégiques est l' « *Undercutting* ». Elle consiste en une attaque sur une règle d'inférence de l'argument adverse. Ce type relève également du conflit non symétrique. La possibilité de l'attaque par undercutting présuppose le fait que la règle d'inférence n'est pas pleinement déductive. C'est le cas des règles d'inférence qui servent à construire des raisonnements analogiques, par abduction et aussi des raisonnements inductifs.

---

[65] Voir p 98 ci-dessus.

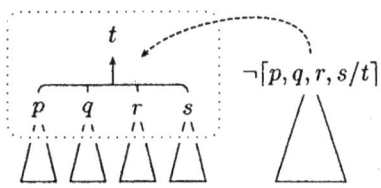

Figure 2: Undercutting (Attaque d'une règle d'inférence)

(§2)- Caractéristiques du conflit entre arguments usant de proverbes.

(§2.1)- Neutralisation d'une prémisse stratégique et affaiblissement d'une règle d'inférence.

La méthode de construction des arguments en contexte d'oralité africaine fait toujours apparaître la sentence proverbiale dans le groupe des prémisses. Et, étant donné le rôle logique (proposition primitive et règle d'inférence non stricte) que joue le proverbe ici, ce dernier est naturellement qualifié de prémisse stratégique. Par ailleurs, et comme nous l'avons précédemment esquissé, le challenge contre ce genre d'argument consiste d'abord à convoqué un contre-proverbe qui aura prétention à une plus grande pertinence, de sorte à dériver défaisablement une contre conclusion.

Les deux faits ci-dessus rappelés nous indiquent clairement qu'en termes de conflit, nous sommes en présence d'une attaque sur une règle d'inférence d'un genre particulier. Nous qualifions alors à juste titre cette attaque d' « undercutting ». Toutefois, ceci appelle quelques nuances.

La convocation d'un contre-proverbe (lors de la construction d'un contre argument) n'a pas pour objectif de denier toute valeur épistémologique ou logique au proverbe concurrent ; cette convocation d'un contre proverbe a pour objectif de bloquer stratégiquement l'apport épistémique du précédent proverbe son argument respectif. Nous sommes certainement en présence d'un conflit non symétrique où une règle d'inférence est neutralisée. C'est un undercutting d'une complexité notable.

(§2.2)- <u>Apparence d'une réfutation</u>.

Au-delà et en plus de cette première caractéristique du conflit entre arguments usant de proverbes tels que nous venons de relever, il convient également de noter, à titre de rappel, que les contre-arguments se concluent toujours par une conclusion qui est contradictoire à la conclusion de l'argument adverse. Ce qui fait entrevoir que nous somme aussi en présence d'une réfutation, tout en n'étant pas dans un conflit de type symétrique. C'est en fait une marque du caractère fortement stratégique des procédés d'argumentation en contexte d'oralité : il y a une réfutation sous la forme d'une attaque sur une règle d'inférence.

Maintenant, la question qui reste ouverte est la suivante : en dehors de cette forme procédurale ici décrite de manière fragmentaire, y aurait-il d'autres types de relations conflictuelles qui mettraient en exergue d'autres formes conclusives défaisables de l'argumentation avec usage des proverbes ?

Appendice 2 : Logique Dialogique. Introduction historique

(§1)- Logique Dialogique : un aperçu historique.

Depuis la Grèce antique, et suivant l'influence des sophistes, ou de philosophes comme Platon ou Aristote, l'argumentation a acquis une place prépondérante dans notre compréhension de la science. Plus généralement, et au-delà de la tradition occidentale, l'argumentation a joué, et joue encore, un rôle important dans les processus d'acquisition de la connaissance et ce, tant dans les sciences que dans la vie quotidienne. La notion d'argumentation est étroitement liée au concept même de raisonnement. En effet, on peut voir l'histoire des sciences comme le développement et la confrontation de différentes techniques d'argumentation ou de raisonnement ayant pour objet la quête du savoir. L'étude de ces techniques d'argumentation est par nature interdisciplinaire : différents régimes d'argumentation valent pour différents contextes. Or la logique porte justement sur les relations de ces genres d'arguments : les inférences. L'intérêt de l'étude logique des inférences est d'analyser la relation des éléments qui composent un argument. Plus précisément, il s'agit d'élucider les conclusions qui peuvent *légitimement* être obtenues à partir d'un ensemble de prémisses; et une telle entreprise partage la dimension intrinsèquement interdisciplinaire de la théorie générale de l'argumentation.

Aux origines de la tradition analytique, la logique était considérée comme l'instrument principal de la réflexion philosophique et opérait la liaison avec le domaine fascinant de l'étude du langage, qui domine actuellement la linguistique et la philosophie du langage. Cette dernière est d'ailleurs marquée de manière décisive par les travaux de Wittgenstein. Ce même lien se trouve au cœur des derniers développements de l'Intelligence Artificielle, particulièrement dans le cas des systèmes experts utilisés dans l'étude du raisonnement juridique et dans le développement des programmes de traduction automatique. L'Intelligence Artificielle, la logique et le langage permettent aussi de considérer sous un nouveau jour certaines questions philosophiques traditionnelles comme celle du rapport entre le corps et l'âme. Au sein du courant dominant, on a pu défendre le recours exclusif à la logique formelle. Ce genre de thèse détermine aussi, bien entendu, le rôle du logicien en matière de philosophie des sciences. Trois types d'opérations relèvent de la compétence du logicien : 1) la formalisation des inférences typiques d'une science donnée ou d'un contexte donné de l'acquisition d'une connaissance ; 2) le développement de procédés techniques qui ressemblent à l'application de la formalisation envisagée ; 3. la réflexion sur les propriétés formelles et conceptuelles de la formalisation réalisée.

Dans son œuvre tardive, Ludwig Wittgenstein a usé sans relâche d'arguments contre les hypothèses réalistes et leur cohorte de « *choses* », « *valeurs de vérité* » et « *signes* », ou encore contre l'existence de rapports qui lieraient ces entités indépendamment du sujet qui en prendrait connaissance. En somme, il se pose en opposition au réalisme logique qui voit dans la logique une structure réelle et autonome, que l'homme ne ferait que découvrir. Contre cette approche de la logique, Wittgenstein attribue un rôle essentielle à la notion de contexte pour comprendre les usages du langage (et donc de la logique), développant ainsi une « théorie des jeux de langage », qu'on appelle de façon plus générale « approche pragmatique ».

L'enjeu qui se présente dès lors est de concevoir une logique qui supposerait une approche pragmatique et ne reculerait pas devant le questionnement critique. Une première réponse est le fruit des considérations suivantes : la logique formelle n'est pas quelque chose que l'on découvre, et qui détermine la structure sous-jacente de tout langage. On ne découvre pas la logique formelle, on la construit : elle est une normalisation, que l'on introduit pour répondre à des fins précises et qui correspond, en conséquence, à une pratique déterminée.

S'il apparaît qu'elle n'est pas adéquate pour cette pratique, elle doit être modifiée.

L'interprétation dialogique de la logique, suggérée par Paul Lorenzen et mise au point par Kuno Lorenz[66], est justement la première re-conception fondamentale de la logique qui réponde au défi de l'approche pragmatique.

L'approche dialogique de la Logique s'origine à partir de l'introduction des concepts jeu-théorétiques dans la définition des notions logiques fondamentales. Une ébauche historique des relations entre Logique et Jeux peut être trouvée dans Lorenz (2001)[67]. La Logique Dialogique, telle qu'elle est connue de nos jours, vient des travaux de Paul Lorenzen sur l'approche opératoire de la Logique et de la Mathématique constructivistes. L'approche dialogique de Lorenzen fut conçue comme une solution à certains problèmes de programme opératoire. (Pour plus de détails sur la Logique opératoire, voir Lorenzen, (1955)). Particulièrement, la notion opératoire de *Dérivation*, qui est essentielle à la définition de la notion opératoire de *proposition*, se trouve être, en général, indécidable. De plus, même au cas où le prédicat de dérivation serait décidable, un sérieux problème demeure : définir une proposition *via* la notion de preuve entraîne l'étrange conséquence que les propositions indécidées ne sont pas du tout des propositions. Pour aborder ces problèmes, Lorenzen et Lorenz proposèrent le concept de ***Dialogue***.

Pour le dire clairement, cela signifie que, pour qu'une entité soit une proposition il doit exister un jeu de dialogue associé à cette entité, c'est-à-dire à la proposition A, tel qu'une partie de jeu individuelle où A occupe la position initiale _ c'est-à-dire un dialogue D(A) pour A _ atteint une position finale avec soit le gain ou la perte, le tout après un nombre fini de coups suivant des règles bien définies : le jeu est défini comme un jeu ouvert de deux personnes à somme zéro (Lorenz 2001).

---

[66] Lorenzen P. et Lorenz K., 1978.
[67] Lorenz (K), 2001: "Basic objectives of dialogue logic in historical perspective", in S. Rahman, S. and H. Rückert 2001b, pp. 255–263.

Pour donner une esquisse succincte du concept central, disons que les dialogues sont des jeux où ce qui est en question est une formule. L'ensemble des règles est désigné de telle sorte que la formule est valide (en un sens défini de ce terme de validité) si et seulement si le joueur défendant ladite formule dispose d'une stratégie de victoire dans le jeu. Un aspect important de la constructivité dans la Logique Dialogique est évident dans cette définition : c'est que l'infinité ne joue aucun rôle, c'est-à-dire qu'elle ne repose pas sur une quantification sur des ensembles de modèles. La notion dialogique de preuve est basée sur la notion de jeu, et comme mentionné précédemment, les jeux de dialogues sont finitaires.

L'approche dialogique produisit une sémantique pour la logique intuitionniste et celle classique. Les publications importantes marquant les grandes étapes de développement des recherches autour de cette approche comprennent : Lorenzen (1958); Lorenz (1961); Stegmüller (1964); Lorenzen and Lorenz (1978); and Felscher (1985). La clarification progressive des principaux concepts dans les années 1970 ouvrit la voie, dès les années 1980 jusqu'à présent, à un programme de recherche très actif. Durant cette période, Rahman et ses collaborateurs développèrent des idées originales dans une structure conceptuelle qui s'est avérée utile pour l'étude, la comparaison et la combinaison des logiques non-classiques (voir Rückert (2001)).

Une autre tradition en logique dialogique fut développée en parallèle à celle précédemment décrite, avec des contacts occasionnels fructueux. Cette tradition parallèle consiste dans l'étude des dialogues concrets, tels que ceux qui ont lieu, par exemple dans les langues naturelles. Le but de cette autre tradition était l'étude des régularités logiques sous-jacentes à ces dialogues concrets. Cette tradition comprend, pour ne donner qu'une liste non exhaustive, la nouvelle rhétorique de Pereleman (Perelman & L. Olbrechts-Tyteca 1958), la théorie de l'argumentation de Toulmin (Toulmin 1958), la théorie du dialogue de Barth et Krabbe (Barth & Krabbe 1982), enfin le travail de Woods en théorie de l'argumentation (Woods et al. 2000). Il y a eu récemment une tentative de construiction de pont entre les traditions de logique dialogique, spécialement dans le contexte de l'analyse logique du raisonnement juridique qui est généralement non-monotonique. Pour plus de détails, voir Prakken (2005).

La logique du dialogue (aussi connue comme *logique dialogique* et comme *sémantique des jeux*) est une approche des sémantiques de la logique fondée sur le concept de validité (logique dialogique) ou de vérité (sémantique des jeux) appartenant aux concepts des jeux théorétiques, telle que l'existence d'une stratégie de victoire pour les joueurs. Paul Lorenzen (Erlangen-Nürnberg-Universität) fut le premier à avoir introduit une sémantique des jeux pour la logique à la fin des années cinquante (appelée *dialogische Logik*)[68]. Elle fut par la suite développée par Kuno Lorenz (Erlangen-Nürnberg-Universität, puis Saarland)[69]. Jaakko Hintikka (Helsinki, Boston) développait quant à lui, et presque au même moment que Lorenzen, une approche modèle-théorétique connue aussi sous le nom de GTS. Lorenz et Hintikka reliaient ainsi leurs approches respectives à la théorie des « jeux de langage » de Wittgenstein. En fait, Lorenz et Hintikka envisageaient leurs systèmes respectifs comme des façons d'implémenter la théorie de la signification de Wittgenstein dans la logique.

La perspective dialogique qu'on présentera de suite correspond précisément aux développements subséquents que Shahid Rahman et ses collaborateurs[70] ont mis en œuvre, au sein d'un cadre théorique général destiné au traitement de questions logiques et philosophiques relatives au pluralisme logique, ce qui a d'ailleurs entraîné, en 1995, une sorte de renaissance ouvrant sur des possibilités inattendues. L'idée directrice de ces nouveaux développements consiste à considérer que les anciennes relations de la logique avec l'argumentation et les sciences ne peuvent être rétablies qu'à condition de concevoir la logique comme une structure dynamique.

---

[68] Lorenzen, 1955, 1958, 1978.
[69] Lorenz, 1961, 2001.
[70] Helge Rückert à l'Université des Saarlandes puis le groupe de recherche « Pragmatisme Dialogique » de l'Université de Lille 3

La dialogique aborde la logique comme une notion en soi pragmatique et se présente comme une argumentation manifestée sous la forme d'un dialogue. Ce dialogue se développe entre deux parties : Un Proposant, qui défend une thèse, et un Opposant, qui attaque cette thèse. La thèse est valide si et seulement si le Proposant arrive à la défendre contre toutes les attaques possibles pour l'Opposant. Les dialogues sont organisés selon deux types de règles, règles qui donnent en fait la signification des connecteurs logiques (ou particules). Des règles déterminent leur signification locale (règles de particules), d'autres déterminent leur signification globale (règles structurelles).

Maintenant, pour les besoins de mise en application de toutes les règles opératoires de la dialogique que nous avions présentées dans le texte principal de l'ouvrage, nous donnons ici quelques exemples de dialogues dans leur version classique et celle intuitionniste.

(§2)- Quelques exercices d'application de dialogique.

Notation : Nous utiliserons des expressions telles que $\forall xy...$ comme abréviation pour $\forall x \, \forall y \, \forall ...$

Les dialogues suivants sont construits avec les règles classiques:
1. $\exists x \, (\exists y Ay \rightarrow Ax)$
2. $\exists x \forall y \, Rxy \rightarrow \forall y \exists x Rxy$
   - Rappelons que $Rk_i k_j$ est une formule atomique.
3. $\forall xy \, (Rxy \rightarrow \neg Ryx) \rightarrow \forall x \, \neg Rxx$
4. $\forall xyz \, ((Rxy \wedge Ryz) \rightarrow \neg Rxz) \rightarrow \forall x \, \neg Rxx$
5. $\forall xyz \, ((Rxy \wedge Ryz) \rightarrow Rxz)) \wedge \forall xy \, (Rxy \rightarrow Ryx) \rightarrow \forall x \, Rxx$
6. $\forall xyz \, ((Rxy \wedge Ryz) \rightarrow Rxz)) \wedge \forall xy \, (Rxy \rightarrow Ryx) \wedge \forall x \exists y \, (Rxy) \rightarrow \forall x \, Rxx$

Les dialogues suivants sont menés avec les règles intuitionnistes :

7. $\forall x \, (a \vee Ax) \rightarrow a \vee \forall x \, Ax$

8. $\exists x (\exists y Ay \to Ax)$
9. $\neg\neg\exists x (\exists y Ay \to Ax)$
10. $(\exists x (\exists y Ay \to Ax) \lor \neg\exists x (\exists y Ay \to Ax)) \to \exists x(\exists y Ay \to Ax)$
11. $\forall xyz\ ((Rxy \land Ryz) \to Rxz)) \land \forall xy\ (Rxy \to Ryx) \land \forall x\exists y\ (Rxy) \to \neg\neg\forall x\ Rxx$

Dialogue I $\exists x (\exists y\ Ay \to Ax)$

O			P	
			$\exists x(\exists y Ay \to Ax)$	0
1	?∃	0	$\exists y Ay \to Ak_1$	2
3	$\exists y Ay$	2	⊗	
5	Ak_2		?∃	4

Ici **P** ne peut répondre à l'attaque de **O** en 3, d'où **O** gagne ce dialogue.

Dialogue II $\exists x\ \forall y\ Rxy \to \forall y\exists x\ Rxy$

O			P	
			$\exists x\forall y\ Rxy \to \forall y\exists x\ Rxy$	0
1	$\exists x\forall y\ Rxy$	0	$\forall y\exists x Rxy$	2
3	? $\forall y/k_1$	2	$\exists x Rxk_1$	4
5	? ∃		$Rk_2\ k_1$	10
7	$\forall y Rk_2 y$	1	? ∃	6
9	$Rk_2\ k_1$		? $\forall y/k_1$	8

P gagne ce dialogue.

Dialogue III $\forall xy\ (Rxy \to \neg Ryx) \to \forall x\ \neg Rxx$

O			P		
				$\forall xy(Rxy \to \neg Ryx)$ $\to \forall x \neg Rxx$	0
1	$\forall x\, y\, (Rxy \to \neg Ryx)$	0		$\forall x \neg Rxx$	2
3	$?\forall x /\kappa_1$	2		$\neg R\kappa_1\kappa_1$	8
5	$\forall y\, (R\kappa_1 y \to \neg Ry\kappa_1)$	1		$?\forall x /\kappa_1$	4
7	$R\kappa_1\kappa_1 \to \neg R\kappa_1\kappa_1$	5		$?\forall y /\kappa_1$	6
9	$R\kappa_1\kappa_1$	8			
	⊗		7	$R\kappa_1\kappa_1$ ☺	10

P gagne ce dialogue. La formule est donc valide.

<u>Dialogue IV</u> $\forall xyz\, ((Rxy \land Ryz) \to \neg Rxz) \to \forall x \neg Rxx$

O			P		
				$\forall xyz\, ((Rxy \land Ryz) \to \neg Rxz)$ $\to \forall x \neg Rxx$	0
1	$\forall xyz\, (Rxy \land Ryz) \to \neg Rxz$	0		$\forall x \neg Rxx$	2
3	$?\forall x/k_1$	2		$\neg Rk_1 k_1$	10
5	$\forall yz\, (Rk_1 y \land Ryz) \to \neg R\, k_1 z$	1		$?\forall x/k_1$	4
7	$\forall z(Rk_1\, k_1 \land R\, k_1 z) \to \neg R\, k_1 z$	5		$?\forall y/k_1$	6

9	$(Rk_1k_1 \wedge R\,k_1\,k_1) \to \neg R\,k_1\,k_1$	7	$?\forall z/k_1$	8
11	Rk_1k_1	10		
		9	$Rk_1k_1 \wedge R\,k_1\,k_1$	12
13	$?\wedge_1$	12	Rk_1k_1 ☺	14

P gagne le dialogue : la formule est donc valide.

<u>Dialogue V</u> : **[∀xyz ((Rxy ∧Ryz) → Rxz) ∧ ∀xy (Rxy → Ryx)] → ∀x Rxx**

	O			**P**	
				$[\forall xyz\,((Rxy \wedge Ryz) \to Rxz) \wedge \forall xy\,(Rxy \to Ryx)] \to \forall x\,Rxx$	0
1	$[\forall xyz\,((Rxy \wedge Ryz) \to Rxz) \wedge \forall xy\,(Rxy \to Ryx)]$	0		$\forall x\,Rxx$	2
3	$?\forall x/k_1$	2		--	
5	$\forall xy\,(Rxy \to Ryx)$	1		$?\wedge_2$	4
7	$\forall y\,(R\,k_1 y \to Ry\,k_1)$	5		$?\forall x/k_1$	6
9	$R\,k_1\,k_1 \to R\,k_1\,k_1$	7		$?\forall y/k_1$	8
11	$\forall xyz\,((Rxy \wedge Ryz) \to Rxz)$	1		$?\wedge_1$	10

13	$(R\ k_1\ k_1 \land R\ k_1\ k_1) \to$ $R\ k_1\ k_1$		11	$?\forall xyz/k_1, k_1, k_1$	12
			13	$R\ k_1\ k_1 \land R\ k_1\ k_1$	14
15	$?\land_1$			$\otimes$	

La thèse de ce dialogue affirme que si une relation est transitive et symétrique, alors elle implique sa propre réflexivité. Ce qui, visiblement n'est pas toujours le cas, étant donné que le **Proposant** manque de stratégie de victoire pour cette formule. En d'autres termes, cette formule n'est pas valide et le proposant perd le dialogue, ne pouvant répondre à la dernière attaque (coup 15) de l'**Opposant** pour cause que ce dernier ne lui a concédé aucun littéral dont il aurait pu se servir pour clôturer la partie.

<u>Dialogue VI</u> $[\forall xyz\ ((Rxy \land Ryz) \to Rxz)) \land \forall xy\ (Rxy \to Ryx) \land \forall x \exists y\ (Rxy)] \to \forall x\ Rxx$

	O			P	
				$[\forall xyz\ ((Rxy \land Ryz) \to Rxz))$ $\land \forall xy(Rxy \to Ryx)$ $\land \forall x \exists y\ (Rxy)] \to \forall x\ Rxx$	0
1	$[\forall xyz\ ((Rxy \land Ryz) \to Rxz))_1$ $\land \forall xy\ (Rxy \to Ryx)_2 \land \forall x \exists y$ $(Rxy)_3]$	0		$\forall x\ Rxx$	2
3	$?\ \forall x/k_1$	2		$R\ k_1\ k_1$ ☺	24''
5	$\forall x \exists y\ (Rxy)$	1		$?\land_3$	4
7	$\exists y\ (R\ k_1 y)$		5	$?\forall x/k_1$	6

9	$R\ k_1\ k_2$	7	?∃	8
11	$\forall xy\ (Rxy \to Ryx)$	1	∧2	10
13	$\forall y(R\ k_1\ y \to R\ y\ k_1)$	11	$?\forall x/k_1$	12
15	$R\ k_1\ k_2 \to R\ k_2\ k_1$	13	$?\forall y/k_2$	14
17	$R\ k_2\ k_1$	15	$R\ k_1\ k_2$	16
19	$\forall xyz\ ((Rxy \land Ryz) \to Rxz))$	1	$?\land_1$	18
21	$(R\ k_1\ k_2 \land R\ k_2\ k_1) \to R\ k_1\ k_1$	19	$?\ \forall xyz\ /\ k_1, k_2, k_1$	20
	--	21	$R\ k_1\ k_2 \land R\ k_2\ k_1$	22

RAMIFICATION (I)

23	$?\land_1$	22	$R\ k_1\ k_2$ ☺	24

RAMIFICATION (II)

23'	$?\land_2$	22	$R\ k_2\ k_1$ ☺	24'

RAMIFICATION (III)

23"	$R\ k_1\ k_1$			

P gagne ce dialogue. Par rapport au dialogue précédent, celui-ci a dans sa thèse, en plus de la *transitivité* et de la *symétrie*, la *connexité* comme propriété additionnelle. Ce qui permet d'avoir la *réflexivité* dans le conséquent de notre formule.

*** **Les dialogues suivants sont joués dans le cadre intuitionniste**.

<u>Dialogue (VII)</u> $\forall x\,(a \vee Ax) \rightarrow a \vee \forall x\,Ax$

	O			P	
				$\forall x\,(a \vee Ax) \rightarrow (a \vee \forall x\,(Ax))$	0
1	$\forall x\,(a \vee Ax)$	0		$a \vee \forall x\,(Ax)$	2
3	$?_\vee$	2		$\forall x\,Ax$	4
5	$?\,\forall x/k_1$	4		$\otimes$	
7	$a \vee A\,k_1$	1		$?\,\forall x/k_1$	6
9	a		7	$?_\vee$	8

O gagne le dialogue (VII) ; **P** ne peut répondre à l'attaque du coup 5, étant donné que **O** ne lui concède que l'atome *a*, ce qui ne permet pas à **P** d'instancier la variable *x* de son universel et ainsi de donner la réponse (formule atomique) qui aurait pu clôturer le dialogue. Le dialogue reste ouvert et **P** n'a plus de possibilité de jeu. La formule est donc invalide du point de vue intuitionniste.

<u>Dialogue (VIII)</u> $\exists x\,(\exists y Ay \rightarrow Ax)$

O			P		
				$\exists x\, (\exists y Ay \to Ax)$	0
1	?∃	0		$\exists y\, Ay \to Ak_1$	2
3	$\exists y\, Ay$	2			
5	Ak_2		3	?∃	4

O gagne le dialogue ; la thèse du dialogue n'est donc pas valide. Ici, l'atome concédé par **O** ne permet pas à **P** de répondre adéquatement à l'attaque du coup 3. Le dialogue reste ouvert et **P** perd la partie.

Note En fait cette formule ne peut se gagner qu'en logique classique, puisque les règles structurelles classiques autorisent au Proposant de répéter une défense aux fins de re-instancier une variable préalablement assignée, de sorte à pouvoir répondre adéquatement à l'attaque du coup 3 (qui se trouverait, elle-même, aussi répétée).

<u>Dialogue (**IX**)</u> $\neg\neg\exists x\, (\exists y\, Ay \to Ax)$

O			P		
				$\neg\neg\exists x\, (\exists y\, Ay \to Ax)$	0
1	$\neg\exists x\, (\exists y\, Ay \to Ax)$	0		--	
	---		1	$\exists x\, (\exists y\, Ay \to Ax)$	2
3	?∃	2		$\exists y\, Ay \to Ak_1$	4
5	$\exists y Ay$			---	
7	Ak_2		5	?∃	6
			1	$\exists x\, (\exists y\, Ay \to Ax)$	8

9	?∃	8		$\exists y\, Ay \to Ak_2$		10
11	$\exists y Ay$	10		Ak_2	☺	12

P gagne ce dialogue. Ici, le Proposant active sa stratégie de victoire au coup 8, où il répète une attaque (précédemment jouée au coup 2) contre le coup 1 de l'**Opposant**. Par cette répétition stricte d'attaque, le **Proposant** force, en quelque sorte, l'Opposant à instancier l'existentielle en premier, de sorte qu'il récupère cette valeur et puisse fermer le tableau au coup 12. la règle déterminante dans la construction de la stratégie de victoire, a été, la règle intuitionniste de stricte répétition d'une attaque sur une existentielle.

Dialogue (**X**) $(\exists x\, (\exists y\, Ay \to Ax) \vee \neg \exists x\, (\exists y\, Ay \to Ax)) \to \exists x\, (\exists y\, Ay \to Ax)$

O			P		
			$(\exists x\, (\exists y\, Ay \to Ax) \vee \neg \exists x\, (\exists y\, Ay \to Ax)) \to \exists x\, (\exists y\, Ay \to Ax)$		0
1	$(\exists x\, (\exists y\, Ay \to Ax) \vee \neg \exists x\, (\exists y\, Ay \to Ax))$	0	$\exists x\, (\exists y\, Ay \to Ax)$	10'	8
3	$\exists x\, (\exists y\, Ay \to Ax)$	1	?∨		2

Ière RAMIFICATION du dialogue (X)

O			P		
5	$\exists y\, Ay \to A\, k_1$		3	?∃	4
7	$A\, k_1$		5	$\exists y\, Ay$	6
9	?∃	8		$\exists y\, Ay \to A\, k_1$	10

| 11 | $\exists y\, Ay$ | 10 | | $A\, k_1$ ☺ | 12 |

II^è RAMIFICATION du dialogue (X)

O				P	
3'	$\neg \exists x\, (\exists y\, Ay \to Ax)$		1	?∨	2
	--	3		$\exists x\, (\exists y\, Ay \to Ax)$	4'
5'	?∃	4		$\exists y\, Ay \to A\, k_1$	6'
7'	$\exists y\, Ay$	6		--	
9'	$A\, k_2$		7	?∃	8'
11'	?∃	10		$\exists y\, Ay \to A\, k_2$	12'
13'	$\exists y\, Ay$	12		$A\, k_2$ ☺	14'

P gagne le dialogue (**X**) : la formule est valide. Les ramifications du jeu signifient simplement, les différentes possibilités de bifurcations, en termes d'orientations stratégiques, qui étaient à la disposition de l'Opposant pour essayer de gagner la partie. Et, la disponibilité d'une stratégie de victoire pour le proposant, se justifie par le fait qu'il ait gagné tous les sous dialogues ouverts par l'Opposant.

<u>Dialogue (XI)</u> $\forall xyz\, ((Rxy \wedge Ryz) \to Rxz)) \wedge \forall xy\, (Rxy \to Ryx) \wedge \forall x \exists y\, (Rxy)$

O			P	
			$\forall xyz\, ((Rxy \wedge Ryz) \to Rxz))$ $\wedge \forall xy\, (Rxy \to Ryx) \wedge \forall x \exists y$	0

				$(Rxy) \to \neg\neg \forall x\, Rxx$	
1	$\forall xyz ((Rxy \land Ryz) \to Rxz)) \land \forall xy (Rxy \to Ryx) \land \forall x \exists y (Rxy)$	0		$\neg\neg \forall x\, Rxx$	2
3	$\neg \forall x\, Rxx$	2		--	
	---		3	$\forall x\, Rxx$	4
5	? $\forall x / k_1$	4		-- $R\, k_1\, k_1$ ☺	26"
7	$\forall x \exists y (Rxy)$		1	?∧3	6
9	$\exists y (R\, k_1 y)$		7	? $\forall x / k_1$	8
11	$R\, k_1\, k_2$		9	?∃	10
13	$\forall xy (Rxy \to Ryx)$		1	?∧2	12
15	$\forall y (R\, k_1 y \to Ry\, k_1)$		13	? $\forall x / k_1$	14
17	$R\, k_1\, k_2 \to R\, k_2\, k_1$		15	? $\forall y / k_2$	16
19	$R\, k_2\, k_1$		17	$R\, k_1\, k_2$	18
21	$\forall xyz ((Rxy \land Ryz) \to Rxz))$		1	?∧1	20
23	$(R\, k_1\, k_2 \land R\, k_2\, k_1) \to R\, k_1\, k_1$		21	? $\forall xyz / k_1, k_2, k_1$	22
			23	$R\, k_1\, k_2 \land R\, k_2\, k_1$	24

RAMIFICATION (I)

25	?∧1	24	$R\, k_1\, k_2$ ☺	26

RAMIFICATION (II)

25'	?∧2	24	$R\, k_2\, k_1$ ☺	26'

RAMIFICATION (III)

25"	$R\ k_1\ k_1$				

P gagne ce dialogue : une même stratégie de victoire a été utilisée dans ce cas-ci (intuitionniste), que dans le cas du jeu avec les règles classiques (cf. dialogue VI).

Postface

Le texte de cet ouvrage ne saurait bénéficier d'une conclusion tant sont nombreux les points techniques qui actuellement reconsidérés par l'auteur. Notamment, le traitement dialogique qui a ici été fait de l'argumentation avec usage des proverbes demande à être réaménagé à partir de nouvelles bases techniques et au moyen d'autres formalismes tels que la « Théorie Constructive des Types » de Martin Löff adaptée au cadre dialogique par Rahman. De plus, la notion d' « extension maximale d'un ensemble d'arguments défaisables » n'a pas encore trouvé son plein développement dans le texte présenté ici. D'où notre parti pris de ne pas conclure, ne serait-ce que partiellement, cet ouvrage.

Remerciements

Nous voulons adresser nous profonds remerciements au Professeur Shahid RAHMAN qui a toujours stimulé les intuitions heuristiques à la base de ces recherches. Les discussions perpétuelles et les encouragements incessants qu'il envoie à notre endroit sont certainement la plus grande motivation dont nous bénéficions au quotidien et qui indique notre participation à l'œuvre sapientiale de la communauté des logiciens. Notre gratitude va également en direction de notre ami et collègue, le Professeur Juan REDMOND de l'université Valparaiso de Santiago du Chili dont la disponibilité intellectuelle et l'amabilité sont sans bornes. Nous remercions enfin les deux institutions académiques qui nous ont formées et qui nous offrent aujourd'hui les conditions matérielles optimales pour un travail scientifique performant : nous avons cité l'université Omar Bongo de Libreville à travers le Centre d'Études et de Recherches Philosophiques (CERP), et l'université Lille 3 Charles de Gaulle à travers l'Unité Mixte de Recherches 8163 « Savoir, Textes et Langage » (STL).

Bibliographie

- Alchourrón (Carlos Edouard), Gärdenfors (Peter), and Makinson (David Clement); 1985, "On the Logic of Theory Change: Partial Meet Contraction and Revision Functions", in *Journal of Symbolic Logic*, vol 2, n° 50: p 510 - 530.
- Aristote ; *Organon V : Les Topiques*, Paris, Libraire Philosophique J. Vrin, Traduction et notes de J. Tricot, 1984, 369 pages.
- Bench-Capon (T.J.M.), 1995; "Argument in artificial intelligence and law", in *Legal Knowledge Based Systems. Telecommunication and AI _ Law*, J.C. Hage, T.J.M. Bench-Capon, M.J. Cohen and H.J. van den Herik, eds, Koninklijke Vermande, Lelystad, pp 5–14..
- Diagne (Mamoussé), *Critique de la raison orale. Les pratiques discursives en Afrique noire*, Paris, Karthala, 2005, 600 p.
- Dung, (Phan Min), 1995; "On the Acceptability of Arguments and its Fundamental Role in Non-Monotonic Reasoning, Logic Programming and N-Person Games", in *Artificial Intelligence*, 77, North-Holland Publishing Company, p 321-357.
- FELSCHER, (W), 1985; "Dialogues as a foundation for intuitionistic logic". In *Handbook of Philosophical Logic*, Vol. 3, D. Gabbay and F. Guenthner (eds.), Kluwer, Dordrecht.
- Fontaine (Mathieu)/Redmond (Juan) ; *Logique Dialogique. Une Introduction. Vol 1 Méthodes de Dialogique : Règles et Exercices*, Londres, College Publications, N° 5 de la Série « Cahiers de Logique et d'Épistémologie », 2008, 126 p.
- Gärdenfors (Peter), *Knowledge in flux. Modeling the Dynamics of Epistemic States*, College Publications, Vol 13 of "Studies in Logic" series, 2008 for the used version (the original one is at 1988), 205 p.

- Hansson (Sven Ove), *A Textbook of Belief Dynamics. Theory Change and Database Updating*, Kluwer Academic Publishers, Dordrecht/Boston/London, 1999, 398 p.
- Hass, (G), 1980; "Hypothesendialoge, konstrucktiver Sequenzenkalkül une die Rechtfertigung von Dialograhmenregeln", in *Theorie des wissenschaftlichen Argumentierens*, Suhrkamp Verlag, Frankfurt.
- Kamlah (W). / Lorenzen (P), (1972); *Logische Propädeutik.* Suttgart/Weimar: Metzler, 1972, 2nd edition.
- Keiff, (Laurent), / Rahman, (Shahid) ; « La Dialectique entre logique et rhétorique ». Revue de Métaphysique et Morale, Avril-Jun 2010, vol. 2, 149-178.
- Keiff, (Laurent), 2007 ; *Approches dynamiques à l'argumentation formelle.* PHD thesis, Lille : Université de Lille, 2007.
- Keiff, (Laurent), 2009; "Dialogical Logic", Entry in the *Stanford Encyclopaedia of Philosophy*, 2009, http://plato.stanford.edu/entries/logic-dialogical/
- Lisimba (Mukumbuta); *Kongo Proverbs and the Origins of Bantu Wisdom*, Libreville, éditions du CICIBA, 1999, 251 p.
- Lorenz, (Kuno), 2001; « Basic objectives of dialogue logic in historical perspective », *Synthese*, vol. 127, p 255–263.
- Lorenzen (Paul)/ Lorenz (Kuno), 1978; *Dialogische Logik*, Darmstadt, WBG.
- Lorenzen (P). / Schwemmer (0). ,(1975); *Konstruktive Logik, Ethik und Wissenschaftstheorie*. Mannheim: Bibliographisches Institut, 2nd edition.

- Makinson (David); 2005, *Bridges from Classical to Nonmonotonic Logic*, King's College Publications, Vol. 5 of Texts in computing series, London, 2005, 216 p.
- Ndaw (Alassane), *La pensée africaine. Recherches sur les fondements de la pensée négro-africaine*, Dakar, Les Nouvelles Éditions Africaines, 1983, 284 p.
- Nzamba (Jean Martin alias Nza Mateki); *Proverbes et Dictons des Punu du Gabon*, Libreville, éditions Raponda Walker, 2008, 83 p.
- Nzokou (Gildas) ; *Formes Logiques et Structures Ontologiques dans quelques Langues Bantu. Problèmes de Quantification, de Temporalité et Considérations autours de quelques constantes logiques*, ANRT/Université Lille 3, Thèse de Doctorat, Décembre 2010, 253 pages.
- Pollock (John L.); "A Recursive Semantics for Defeasible Reasoning", Department of Philosophy, University of Arizona, Online: http://www.u.arizona.edu/~pollock
- Pollock (John L.); "Defeasible Reasoning with Variable Degrees of Justification", online: http://www.u.arizona.edu/~pollock and *Artificial Intelligence,* version of 10/2/01.
- Prakken (Henry) & Sartor (Giovanni), 1996; "A dialectical model of assessing conflicting arguments in legal reasoning". In *Artificial Intelligence and Law* 4: p 331-368, Springer, Netherlands.
- Prakken (Henry) & Sartor (Giovanni), 2002; "The role of Logic in computational models of legal argument: A critical survey", in *Computational Logic, Logic Programming and Beyond. The "Lecture Notes in Computer Science' series"*, Vol. n° 2408, Springer, Berlin/Heidelberg, p 175-188.
- Prakken (Henry) & Vreeswijk (G.A.W.), 2001; "Logical systems for defeasible argumentation" in Gabbay and Guenthner (editors),

Handbook of Philosophical Logic, Vol. 4, p219-318. Kluwer Academic Publishers, Dordrecht/Boston/London.
- Prakken (Henry), 2009; "An abstract framework for argumentation with structured arguments", Technical Report UU-CS-2009-019, September, Department of Information and Computing Sciences, Utrecht University, Utrecht, The Netherlands, online: *http://www.cs.uu.nl*
- Prakken, (H), 1997; *Logical Tools for Modelling Legal Argument.* Kluwer Academic Publishers.
- Rahman, (Shahid), 1993; *Über Dialogue, Protologische Kategorien und andere Seltenheiten*. Frankfurt/Paris/ N. York: P. Lang.
- Rahman, (Shahid), 2009; "A non normal logic for a wonderful world and more". In J. van Benthem et alia *The Age of Alternative Logics*, Dordrecht: Kluwer-Springer, 311-334.
- Rahman, (Shahid) & Keiff, (Laurent), 2004; "On how to be a dialogician". In Daniel Vanderveken, ed., *Logic, Thought and Action*, Springer, Dordrecht, p 359-408.
- Reiter (Raymond); 1980, "A Logic for Default Reasoning" in *Artificial Intelligence*, vol. 13, North-Holland Publishing Company, p 81-132.
- Stegmüler, (W)., 1964. "Remarks on the completeness of logical systems relative to the validity of concepts of P. Lorenzen and K. Lorenz". *Notre Dame Journal of Formal Logic*, **5**, pp. 81-112.
- Suard, (François) / Buridant, (Claude) sous la dir. ; *Richesse du Proverbes. Vol 2 : Typologie et Fonctions*, Université Lille de III, 1984, 275 p.
- Toulmin, (Stephen), 1958. *The Uses of Argument*, Cambridge University Press.

www.ingramcontent.com/pod-product-compliance
Lightning Source LLC
Chambersburg PA
CBHW050759160426
43192CB00010B/1572